Angst loswerden

„Alles wird gut…"

Wie du dich von schädlichen Ängsten und Panikattacken befreist und wieder selbstbestimmt dein Leben genießen kannst

Stefanie Lorenz

© Copyright 2020 - Alle Rechte vorbehalten.

Rechtliche Hinweise:

Dieses Buch ist urheberrechtlich geschützt und nur für den persönlichen Gebrauch bestimmt. Ohne die Zustimmung der Autorin oder des Herausgebers darf der Leser keinen Inhalt dieses Buches ändern, verbreiten, verkaufen, verwenden, zitieren oder umschreiben.

Haftungsausschluss:

Die in diesem Dokument enthaltenen Informationen dienen nur zu Bildungs- und Unterhaltungszwecken. Es wurden alle Anstrengungen unternommen, um genaue, aktuelle, zuverlässige und vollständige Informationen zu liefern.

Die Leser erkennen an, dass die Autorin keine rechtlichen, finanziellen, medizinischen oder professionellen Ratschläge erteilt. Durch das Lesen dieses Dokuments stimmt der Leser zu, dass die Autorin unter keinen Umständen für direkte oder indirekte Verluste haftet, die durch die Verwendung der in diesem Dokument enthaltenen Informationen entstehen, einschließlich, aber nicht beschränkt auf Fehler, Auslassungen oder Ungenauigkeiten.

Geschenk #1

Zitatesammlung

Gratis-Bonusheft!

Mit dem Kauf dieses Buches hast du ein kostenloses Bonusheft erworben. Dieses steht nur eine begrenzte Zeit zum Download zur Verfügung.

Das Bonusheft beinhaltet eine Sammlung an schönen, motivierenden und auch Mut gebenden kleinen Geschichten und Zitaten. Diese werden dich beim Lesen und auf deinem täglichen Weg zu einem erfüllten Leben begleiten. Sichere dir das Bonusheft noch heute!

Alle Informationen, wie du dir schnell das gratis Bonusheft sichern kannst, findest du am Ende dieses Buches.

Geschenk #2

Entspannung im Alltag

Mit dem Kauf dieses Buches hast du noch ein weiteres Bonusheft erworben.

In diesem Bonusheft findest du verschiedene Entspannungsmethoden, Meditationsideen und Affirmationen, die dich darin unterstützen können, wieder zu dir selbst zu finden. Sichere dir das Bonusheft noch heute!

Alle Informationen, wie du dir schnell das gratis Bonusheft sichern kannst, findest du am Ende dieses Buches.

Inhaltsverzeichnis

Einleitung 1

Kapitel 1 - Deinen Ängsten auf den Grund gehen 5

Was ist Angst? 5
Der Körper und die Angst 7
Kämpfen, fliehen oder totstellen? 10
Woher kommen Ängste? 13
Ängste – warum bin ich damit ganz alleine? 16
Angst und Scham 21
Angst vor der Angst – der Angstkreislauf 23

Kapitel 2 - Ängste einordnen 29

Phobische Störungen 32
Andere Angststörungen 33
Der ständige Begleiter: Die Angst vor der Angst 34
Ängste durch reale Bedrohungen 39
Ängste ohne unmittelbare reale Bedrohung 43

Kapitel 3 - Krisenzeiten – von Gefühlen überwältigt 53

Ausstieg aus dem Panik-Karussell 55
Drama pur – wer profitiert von meiner Angst? 56
Schwere Prüfung für „Kontroll-Freaks" –
das Loslassen 58
Neue Wege, neue Möglichkeiten 60

Kapitel 4 - Stell dich deinen Ängsten 63

Vermeidungsverhalten bei Ängsten 63
Was bedeutet es, sich seinen Ängsten zu stellen? 66
Sich der Angst stellen – alleine oder mit
(professioneller) Unterstützung? 70

Chancen und Grenzen der Konfrontationstherapie 73

Die Löffel-Theorie 75

Kapitel 5 - Methoden für den Umgang mit Angst...................81

Kapitel 6 - Angst- und Panikstörungen: Professionelle Begleitung 103

Kapitel 7 - Angst in Stärke verwandeln...................................115

Abschluss und Ausblick 121

Gratis-Bonusheft 123

Quellen 125

Einleitung

Du stehst nach einem langen Tag im vollen Supermarkt an der Kasse. Hinter dir lärmen ein paar Jugendliche, vor dir das Piepen des Scanners, ein Einkaufswagen stößt dir in die Kniekehle. Dir ist warm. Es ist eng und stickig. Irgendwie bekommst du nicht so gut Luft, der Atem wird flacher, gepresster, die Hitze steigt dir in den Kopf, bis du nur noch denkst: „Raus hier! Ich muss raus hier!" Du lässt deine Waren auf dem Band liegen, drängst dich an skeptischen Gesichtern vorbei zum Ausgang und erst an der frischen Luft beruhigt sich deine Atmung wieder.

Du liegst abends im Bett und musst dringend schlafen. Das Zubettbringen der Kinder hatte sich mal wieder in die Länge gezogen, dann musstest du noch die Steuererklärung fertig machen, die Muffins für den Schulbasar vorbereiten – und in sieben Stunden klingelt schon wieder der Wecker. Du bist so müde, dass du im Stehen einschlafen könntest. Aber gerade als du dich ins Bett gelegt hast, beginnt es, in deinem Kopf zu rotieren. Du musst an den Basar denken, und dass du dort wieder auf die Mutter von Marius triffst, die dich beim Elternabend schon so komisch angeschaut hat. Und dann musst du da auch deine Muffins abliefern, vor den Augen aller anderen. Was ist, wenn die Mütter dich dann noch weniger mögen? Was ist, wenn deine Muffins nicht gut genug sind und alle anderen etwas Ausgefalleneres gebacken haben? Was ist, wenn eine der Mütter mit dir sprechen will und du nicht weißt, was du sagen sollst? Alleine beim Gedanken daran zieht sich dein Magen zusammen und dir wird ganz flau. Obwohl du so müde bist, machst du in dieser Nacht gefühlt kein Auge zu.

Deine Beziehung ist nach fast zehn gemeinsamen Jahren in die Brüche gegangen. Der Mensch, bei dem du glaubtest, du würdest mit ihm alt werden, ist weg. Alles, worauf du aufgebaut hast, existiert nicht mehr. Neben der Trauer um das verlorene Glück zu zweit beschleicht dich auch immer wieder die Angst vor dem, was kommt. Wie sollst du diese große Wohnung alleine halten? Was ist, wenn du dich nie wieder verlieben kannst? Was ist, wenn du im Alter als verwirrte, einsame „Katzenlady" umherwandern musst? Obwohl deine Gedankengänge immer extremer und unwahrscheinlicher werden, kannst du nicht aus dem Gedankenkarussell aussteigen. Du verlierst dich in Horror-Szenarien und malst dir die schlimmsten Zukunftsmodelle vor deinem inneren Auge aus – bis du dich so gelähmt fühlst, dass du gar nichts mehr machen möchtest.

Genau so unterschiedlich, wie diese drei Beispiele, können sich auch die Ängste selbst präsentieren.

Wir können kleine Alltagsängste haben, die hier und da aufblitzen, wie: „Hoffentlich verpasse ich den Bus gleich nicht; das bringt sonst meine ganze Planung durcheinander" oder „Was ist, wenn sich meine Kinder gleich wieder so sehr streiten und Schwiegermutter mich erneut vor allen maßregelt?" oder „Hilfe, habe ich das Bügeleisen abgestellt?"

Angst kann in Form von Zukunftsängsten daherkommen: „Norbert hat mich verlassen, was soll ich jetzt machen? Was ist, wenn ich nie wieder einen Partner finde?", „Die wirtschaftliche Lage entwickelt sich so schlecht, wie soll ich da je wieder einen Job finden? Und wenn wir das Haus verlieren?", „Werde ich im Alter ganz alleine dastehen?"

Geldsorgen, die sich zu Existenzängsten ausweiten, gesundheitliche Sorgen bei Diagnosen oder auch unbegründete Sorgen bei einem Ziepen oder bei Kopfschmerzen, die in der dramatisierenden Phantasie gleich zu einem Gehirntumor auswachsen, oder Urängste vor Naturgewalten – all das sind Ängste, die uns in unserem Leben begegnen können.

Zugrunde liegen vielen dieser Ängste meist die Angst vor dem Unbekannten und die Angst vor dem Verlust der Kontrolle.

Neben Ängsten vor realen Gefahren kommen mitunter auch Ängste vor Dingen oder Situationen hinzu, die nur in unserer Vorstellung existieren. Oder wir fürchten uns vor etwas, obwohl wir wissen, dass es keinen Grund zum Fürchten gibt.

So vielfältig die Situationen sind, in denen Ängste auftauchen, so haben sie doch Folgendes gemeinsam: Sie sind anstrengend, sie sind kräftezehrend und sie sind definitiv nichts für Angsthasen. Es braucht Mut, sich mit seiner Angst zu beschäftigen, sie anzuschauen und sich so mit ihr auseinanderzusetzen, dass man sie entweder loslassen oder einen Umgang mit ihr finden kann.

Dieses Buch soll dir dabei helfen, deine Ängste besser zu verstehen, zu erkennen, dass die Angst es eigentlich gar nicht böse meint und dass du nicht alleine mit deinen Problemen bist.

Die gute Nachricht vorweg, bevor es losgeht: Du hast dich bereits auf den Weg gemacht! Du hältst dieses Buch in den Händen und bist bereit, dich mit deiner Angst zu beschäftigen. Dafür darfst du dich ruhig mal selbst loben – gerne innerlich, wenn du nicht alleine bist, während du das hier liest. Das ist verdammt mutig, auch wenn du dir vielleicht alle möglichen Eigenschaften zuschreiben würdest, nur nicht den Mut. Jedoch erfordert es Courage, sich auf den Prozess einzulassen, Ängste nicht mehr zu verleugnen, sondern hinzuschauen: Warum habe ich Angst? Wie äußert sich das? Wie kann ich damit umgehen?

Ganz wichtig: Dieses Buch ersetzt keine therapeutische Behandlung und hat auch nicht den Anspruch. Wenn du eine entsprechende Unterstützung wünschst, findest du in Kapitel 6 einige Hinweise dazu.

Dieses Buch dient dazu, dich auf deinem Weg zu begleiten und dir Hintergrund-Informationen rund um das Thema Angst zu vermitteln, sodass du sie und ihre Auswirkungen klarer erkennen und einordnen sowie Zusammenhänge erkennen kannst. Ferner werden dir hilfreiche Ideen aufgezeigt, wie du Ängsten begegnen kannst und was dir im Umgang mit ihnen helfen könnte. Es geht nicht darum, die Ängste einfach „wegzuzaubern". Sicherlich würden sich die meisten Betroffenen nicht lange bitten lassen, wenn eine gute Fee käme, und ihnen die Möglichkeit anbieten würde, sie von ihren Ängsten zu befreien. Da dies in der Realität aber sehr unwahrscheinlich ist, sollst du die Möglichkeit haben, Wege zu finden, wie du mit der Angst leben kannst, sodass sie dich weniger einschränkt und du wieder die Führung in deinem Leben übernehmen kannst – voller Lebensfreude und Genuss! Traue dich!

Kapitel 1 - Deinen Ängsten auf den Grund gehen

Ängste können sich im Leben einschleichen oder ganz unerwartet über uns hereinbrechen. Wenn sie dann plötzlich da sind und so viel Raum einnehmen, dass sie nicht zu übersehen sind, bist du gezwungen, dich mit ihnen auseinanderzusetzen. Am Anfang steht meist eine große Überforderung mit der Gesamtsituation. Was ist das, was ich da fühle? Woher kommt das? Bleibt das jetzt so? Was kann ich dagegen tun?

In diesem Kapitel gehen wir deinen Ängsten auf den Grund. Ganz in Ruhe und Stück für Stück.

Widmen wir uns zuerst der offensichtlichsten Frage:

Was ist Angst?

Die Frage danach, was Angst ist, lässt sich nicht mit einer einzigen Definition beantworten. Jeder, den du fragen wirst, wird dir sagen, dass er weiß, wie sich Angst anfühlt. Diese Emotion ist universell, sie ist eine der Basisemotionen, die von Menschen aller Kulturen und Altersgruppen empfunden werden kann.

Im *Dorsch Psychologielexikon* wird Angst folgendermaßen erklärt: „[...] emot. Zustand (state), gekennzeichnet durch Anspannung, Besorgtheit, Nervosität, innere Unruhe und Furcht vor zukünftigen Ereignissen. A. kann «frei flottierend» ohne klaren Bezug auf den Grund der A. auftreten; bei klarem Bezug auf das A. auslösende Objekt wird auch von Furcht gesprochen. Physiol. Korrelat der A. ist eine erhöhte Aktivität des autonomen Nervensystems (Stress). A. ist eine überlebensnotwendige Reaktion auf gefährliche Situationen, die bspw. als Zeichen normaler Entwicklung im Alter von ca. 8 Monaten fremden Erwachsenen gegenüber gezeigt wird (Fremdenreaktion). Neben solchen universellen Angstauslösern kann A. klassisch oder operant auf bedingte Reize hin erlernt werden (Konditionierung) oder durch Beobachtungslernen erworben werden, wobei die Schnelligkeit des Erwerbes von Furcht gegenüber best. Situationen oder Obj. genetisch prädisponiert sein kann in Form eines *evolvierten psychologischen Mechanismus (EPM)* (z. B. gegenüber Schlangen oder ärgerlichen Gesichtern [...]."

Im Lexikon-Eintrag der Wissensplattform *lecturio* wird der Begriff wie folgt definiert:

„Die Angst, die anfallartig auftreten kann, ist ein qualvoller Gemütszustand in Erwartung einer Bedrohung, bezieht sich jedoch auf keine wirkliche Gefahr und ist auf kein bestimmtes Objekt bezogen. Im Gegensatz hierzu bezieht sich die Furcht auf eine für die einzelne Person deutlich erkennbare Gefahr. Allerdings wird im täglichen Sprachgebrauch zwischen Angst und Furcht nicht immer streng unterschieden. Häufig ist die Angst mit körperlichen Begleiterscheinungen verbunden: Herzklopfen, beschleunigte Atmung, Druck auf der Brust, eingeschnürte oder trockene Kehle, Zittern, kalter Schweiß, Durchfall, häufiges Wasserlassen, Übelkeit, Erbrechen, Kloßgefühl im Hals. Eine krankhafte Angst findet man auch im Zusammenhang mit körperlichen Erkrankungen, z. B. mit der Angina Pectoris und mit zahlreichen Geisteskrankheiten und Neurosen."

Angst ist also eine Emotion, die mit starken körperlichen Reaktionen einhergehen und in unterschiedlichster Intensität erlebt werden kann. Im Volksmund werden Furcht und Angst meist synonym gebraucht. Doch bei Angst handelt es sich um eine unspezifische Empfindung, während sich Furcht auf etwas Bestimmtes bezieht.

Der Körper und die Angst

Aber was bedeuten diese körperlichen Reaktionen genau?

Was passiert in unseren Körpern, wenn wir Angst verspüren?

Vielleicht hast du an dir selbst bestimmte Symptome bemerkt, wie etwa:

- wackelige Knie
- das berühmt-berüchtigte Herzschlagen bis zum Hals oder in den Ohren
- einen Tunnelblick
- feuchte Hände
- starkes Schwitzen
- eingeschränktes Sichtfeld
- Sprachschwierigkeiten, Stottern
- die Zunge klebte am Gaumen
- Zittern
- beschleunigter Puls
- Herzstolpern
- Globusgefühle im Hals – also der berühmte Kloß im Hals oder ein anderes Fremdkörpergefühl im Rachenbereich
- Erstickungsgefühle
- Schmerzen in der Brust oder in anderen Körperteilen
- Schwindel

Diese körperlichen Symptome können (isoliert betrachtet) als sehr beunruhigend erlebt werden und tragen vielfach zur Verstärkung der Angst bei.

Angst kann sich in verschiedenen Varianten ausdrücken, wie z. B. in Angst vor Kontrollverlust („Gleich kippe ich um und dann kann ich nicht mal mehr Hilfe holen"), in Angst, verrückt zu werden („Bilde ich mir das alles nur ein? Alles ist so unwirklich."), durch Entfremdungsgefühle aufgrund von Derealisation und Depersonalisation („Alles erscheint mir, als würde ich durch Watte schauen. Ich bin gar nicht mehr richtig bei mir.") bis hin zur Angst, zu sterben („Jetzt ist es vorbei. Das ist garantiert ein Herzinfarkt. Noch eine Panikattacke überlebe ich nicht!").

Bei den körperlichen Symptomen der Angst handelt es sich um Maßnahmen, die den Körper auf eine Gefahrensituation vorbereiten sollen.

In deinem Gehirn gibt es drei Bereiche, die an der Entstehung eines Angstgefühls beteiligt sind:

Als der zentrale Ort, wo die Angst entsteht, gilt die **Amygdala** (auch **Mandelkern** genannt), während das Stirnhirn für die Einordnung von Reizen und eine entsprechend darauf abgestimmte Handlung zuständig ist. Der **Hippocampus** in deinem Gehirn ist der Ort, an dem Gedächtnisleistungen und Lernvorgänge stattfinden. Dieser ist bei der Angst ebenfalls beteiligt. Botenstoffe deines Gehirnes geben entsprechende Signale von einer Nervenzelle zur nächsten weiter - und die Angst entsteht.

Es wird vermutet, dass die Menge der Botenstoffe bei Menschen mit starken Ängsten von der Norm abweicht und es so zu übersteigerten Angstgefühlen kommen kann.

Dein Mandelkern funktioniert also als deine innere Alarmanlage. Jeder Reiz wird bewertet und bei Gefahr alarmiert dein Mandelkern deinen restlichen Körper.

Hin und wieder kann es dabei auch zu einem Fehlalarm kommen: Dein Gehirn bekommt den Reiz „dunkler Schatten hinter dir" und deine Amygdala sendet „Angst". Nach einer kurzen Schrecksekunde spürst du deine Angst dann körperlich und auch emotional. Üblicherweise findet aber innerhalb weniger Sekunden auch eine Überprüfung der Situation und eine

Neubewertung statt, wenn klar ist, dass keine wirkliche Gefahr droht.

Wenn also der dunkle Schatten hinter dir kein böser Räuber ist, sondern dein eigenes Spiegelbild im Glas des Vitrinenschrankes oder einfach ein Mantel, den jemand an einen Haken in den Flur gehängt hat, dann erkennt dein Gehirn: Fehlalarm. Der Körper fährt sein Ausnahmeprogramm herunter.

Du schmunzelst über deinen Schreckmoment und machst im Idealfall normal weiter.

Erklärt wird dieses Phänomen mit dem sogenannten *Schaltkreis der Angst* von Joseph LeDoux, einem Neurowissenschaftler der *New York University*. Er beschreibt, dass der Mandelkern bei der Angsterzeugung zweigleisig fährt: Einerseits wird bei einer potenziellen Gefahr mit einer nahezu gleichzeitigen Angstmeldung reagiert. Der Reiz löst also automatische Prozesse aus; entsprechende Verhaltensmuster werden aktiviert, etwa die körperlichen Prozesse, wie ein erhöhter Muskeltonus oder eine bessere Durchblutung durch einen erhöhten Pulsschlag. Das ist wichtig für das Überleben, denn der Mensch muss in der Lage sein, einer Gefahr schnell auszuweichen, sich zu verteidigen oder Leib und Leben anderweitig zu sichern.

Würde das Gehirn die Situation erst ganz in Ruhe mit allen gemachten Erfahrungen und erlebten Situationen abgleichen, wäre keine Zeit für prompte Reaktionen. Die zweite Informationsübermittlung findet also etwas zeitversetzt, aber dafür umso gründlicher statt. Das Gehirn überprüft, ob die Angstreaktion gerechtfertigt ist und passt dann das Reaktionsverhalten des Körpers an. Es kommt zu einer Entspannung und der Erkenntnis, dass man überreagiert hat.

Bei einer Angststörung oder unter enormem Stress kann diese Anpassung mitunter nicht mehr stattfinden. Die körperliche und geistige Entspannung setzt nicht ein; das Erregungsniveau bleibt dauerhaft erhöht, sodass Körper und Seele in einem ständigen Spannungszustand verbleiben.

Zudem kann es sein, dass jemand mit Ängsten, der wenig Zugang zu seiner Gefühlswelt hat, gar nicht bemerkt, dass er Angst verspürt. Typisch sind dann Äußerungen wie:

„Irgendwie habe ich im Moment immer mit Verdauungsproblemen zu tun, wenn ich zur Arbeit gehe. Am Wochenende fühle ich mich dann komischerweise lebendig."

„Wenn ich mit der Sabine rede, habe ich immer das Gefühl, keine Luft zu bekommen. Ich glaube, ich muss mal zum Arzt."

„Jetzt im Meeting war ich total flatterig und habe richtig angefangen zu zittern; ich bin bestimmt unterzuckert!"

Der Druck auf der Brust, das Zittern, die Verdauungsprobleme – all dies können Angstsymptome sein, die die Betroffenen nicht als solche zuordnen können oder wollen.

Nicht selten starten Menschen mit Ängsten eine lange Arzt-Odyssee, weil sie körperliche Gründe hinter ihren Symptomen vermuten. Erkennen sie dann nach vielen Tests und Gesprächen, dass es sich um körperliche Auswirkungen von Angst und Panik handelt, sind viele zunächst erstaunt, brüskiert oder überfordert. „Es fühlt sich doch so schlimm an! Kann das „nur" von der Angst kommen?"

Ja, das kann es, und dafür hat dein Organismus auch gute Gründe.

Kämpfen, fliehen oder totstellen?

Wer mit Ängsten zu kämpfen hat, der kennt sicherlich die meisten der erwähnten körperlichen Symptome. Aber warum entstehen diese im Körper und wie äußern sie sich?

Vielleicht hast du schon von der „Fight-or-flight-Reaktion" oder der „Kampf-oder-Flucht-Reaktion" gehört?

Der menschliche Organismus richtet sich in einer potenziellen Gefahrensituation darauf ein, entweder kämpfen oder fliehen zu müssen. Dafür muss er bestimmte Vorkehrungen treffen. Daher erweitern sich deine Blutgefäße für einen raschen Transport und dein Blut verdickt sich, sodass du bei einer möglichen Verletzung langsamer Blut verlierst. Deine Atmung beschleunigt sich, ebenso wie dein Herzschlag, um deinen Körper gut mit Sauerstoff zu versorgen, auch bei höherer Belastung. Dein Muskeltonus erhöht sich, deine Temperatur und dein Blutdruck steigen an. Dein Stoffwechsel beschleunigt sich, um deinem Körper mehr Energie zur Verfügung zu stellen.

An allen Stellen, an denen du in einer Gefahrensituation weniger Energie brauchst, wird diese jetzt abgezogen – z. B. werden Stuhl- und Harndrang eingestellt und auch deine Genitalien werden weniger durchblutet. Schließlich nimmt sich niemand Zeit und Ruhe für einen romantischen Moment oder einen Toilettengang, wenn er eigentlich kämpfen oder fliehen muss.

Zudem erweitern sich deine Pupillen, um dein Sehfeld zu vergrößern und Gefahren noch eher zu erkennen.

Die meisten Dinge, die also mit deinem Körper passieren, dienen einem unmittelbaren Zweck und machen aus Sicht deines Organismus vollkommen Sinn. Die erwähnten körperlichen Veränderungen werden durch das sogenannte **sympathische Nervensystem** hervorgerufen. Das sympathische Nervensystem gehört zu deinem **vegetativen Nervensystem** und ist der Part, der für die Reaktionen auf Stress und Belastungen verantwortlich ist.

Wenn die Gefahr vorbei ist, entspannt sich dein Körper, das **parasympathische Nervensystem** übernimmt: Der Pulsschlag beruhigt sich, die Muskelspannung lässt nach, die Atmung reguliert sich, die Pupillen werden wieder normal groß, die Verdauung nimmt ihre Arbeit wieder auf – so ist es beispielsweise nicht ungewöhnlich, nach einer überstandenen Stressreaktion erst mal dringend auf die Toilette gehen zu müssen. Das parasympathische Nervensystem übernimmt also die Aufgaben der Ruhe- und Erholungsphasen.

Eine weitere Möglichkeit der Angstreaktion ist die des **Schrecktypus**. Hier stellt sich der Körper nicht auf eine Aktivität

– Kämpfen oder Fliehen – ein, sondern erstarrt. Er stellt sich tot, damit die Gefahr an ihm vorbeizieht. In diesem Fall übernimmt das parasympathische Nervensystem wieder die Kontrolle und ein schockähnlicher Zustand stellt sich ein: Der Blutdruck kann abfallen, Übelkeit oder Benommenheit sowie Schwindel und das Gefühl, ohnmächtig zu werden, können einsetzen. Puls und Atem können sich verlangsamen und die Verdauung kann verrücktspielen.

Viele Menschen des Schrecktyps halten bei Angst die Luft an, die Atmung ist beeinträchtigt, die Sauerstoffversorgung ist nicht so gut wie sonst und die Herztätigkeit verlangsamt sich. Dadurch kann sich ein Benommenheitsgefühl einstellen.

Ist die Angstreaktion vorbei – ganz gleich, ob es sich um eine Kampf-oder-Flucht-Reaktion, eine Erstarrungsreaktion oder eine Mischform handelt – können (während der Körper entspannt) weitere Körperreaktion auftreten, um den Körper abzukühlen. Dies kann z. B. das Wiedereinsetzen der Verdauung mit starkem Harndrang, Schwitzen, oder Muskelschmerzen sowie Erschöpfung durch den vorher erhöhten Muskeltonus sein.

Halte einen kurzen Moment inne, wenn du magst, und stelle dir folgende Fragen:

- Welche der körperlichen Symptome kommen mir bekannt vor?
- Bringe ich diese mit Ängsten in Verbindung oder fürchte ich eine organische Ursache?
- Habe ich mich medizinisch untersuchen lassen und danach geglaubt, die Fachkraft hätte etwas übersehen?
- Wie oft leide ich unter den erwähnten körperlichen Symptomen?
- Wann treten diese auf?
- Kann ich körperliche Symptome und Gefühle in Einklang bringen oder überwiegt eine Seite?
- Hatte ich Erlebnisse, bei denen es einen Fehlalarm gab?

- Wie habe ich auf diesen Fehlalarm reagiert?
- Wie reagiert mein Umfeld, wenn ich meine Symptome äußere?

Woher kommen Ängste?

Die Frage, wie Ängste entstehen, bewegt wohl alle, die sich mit übermäßigen Ängsten oder einer Angststörung auseinandersetzen müssen. Da Angst ein Mechanismus ist, der auf der ganzen Welt bei gesunden Menschen vorhanden ist und von ihnen zum Überleben genutzt wird, muss davon ausgegangen werden, dass es bestimmte Auslöser gibt, die universell, also überall und allgemeingültig, als Angst auslösend gewertet werden können.

Beispielsweise zeigen gesunde Babys in der Regel ab dem Alter von etwa einem dreiviertel Jahr ein „Fremdelverhalten", die sogenannte **Fremdenreaktion**. Bei dieser zeigen sie gegenüber unbekannten Erwachsenen Angstverhalten und reagieren auch mit körperlichem Stress auf diesen Angstauslöser. Diese angeborenen Ängste wurden auch bei Tests mit Tieren belegt: So hatten Tiere, die nie in der freien Wildnis gelebt hatten, Ängste, wenn sie ein Raubtier witterten.

Zudem kann Angst auch erlernt oder erworben werden, indem wir als Mensch Angsterfahrungen machen. Wird Angst erlernt, spricht man auch von einer **Konditionierung**.

Wir erleben, dass bestimmte Reize, Situationen oder Menschen gefährlich für uns sind und bilden daraufhin eine Angst vor diesen aus. Vielleicht haben wir bei unserem allerersten Referat in der Schule erleben müssen, dass die gesamte Klasse uns ausgelacht hat. Scham und das Gefühl, von der Gruppe ausgegrenzt zu werden – eine sehr tiefsitzende Angst von uns Menschen, da die Zugehörigkeit zur Gruppe früher überlebenswichtig war – haben dafür gesorgt, dass sich diese Situation tief eingebrannt hat.

Sollen wir das nächste Mal vor einer größeren Gruppe sprechen, bemerken wir vielleicht, wie wir nervös werden, die Zunge am Gaumen klebt, die Hände zittern und die Stimme wegbricht. Wir haben gelernt, dass diese Situation nicht neutral oder positiv zu bewerten ist, sondern dass sie für uns bedrohlich war und wieder eine potenzielle Gefahrenquelle darstellt.

Erleben wir dann die Symptome der Angst zusätzlich als unangenehm und hinderlich bei der Bewältigung der Situation und fühlen wir uns dieser noch mehr ausgeliefert und in unserer Angst bestätigt – etwa weil wir vor der Menschenmenge rot werden oder unsere Stimme versagt und wir erneut Scham empfinden – dann kann sich die Angst verfestigen. Wir haben gelernt, dass das Sprechen vor Gruppen gefährlich ist und vielleicht übertragen wir diese Angst auch auf andere soziale Interaktionen.

Auch das **Beobachtungslernen** kann dazu führen, dass wir Angst vor einer Situation, einem Objekt oder einer Person entwickeln. Dazu müssen wir nicht mal direkt betroffen sein. Vielleicht haben wir beobachtet, wie der neue Chef einen Kollegen schikaniert hat, bis dieser zusammengebrochen ist. Auch wenn der Chef zu uns bisher freundlich war und nicht mitbekommen hat, dass wir Zeuge dieses Vorfalls wurden, werden wir durch unsere Beobachtung gelernt haben, dass wir diesem Menschen mit großer Vorsicht begegnen werden. Wir haben gelernt, dass er eine Gefahrenquelle darstellen kann, wir die Übertragungsleistung erbringen und uns in die Situation hineinversetzen können. So werden wir üblicherweise versuchen, die Gefahrenquelle zu meiden oder das Risiko für uns durch andere Verhaltensmaßnahmen gering zu halten.

Dabei muss nicht unbedingt unmittelbar von dir selbst beobachtet worden sein, dass du oder jemand anderes zu Schaden kam. Du kannst Ängste auch von anderen „übernehmen". Das sieht man sehr gut bei Kleinkindern: Hat die Mutter beispielsweise aufgrund von schlechten Erfahrungen in Kindheitstagen Angst vor Hunden, werden ihre Kinder höchstwahrscheinlich ebenfalls Angst vor Hunden haben, auch wenn sie nie einen negativen Kontakt zu den Vierbeinern hatten.

Aber sie haben bei ihrer Mutter beobachtet, dass sie mit Angst auf diese Tiere reagiert und daher Vorsicht angebracht sein sollte. Nun kann es sein, dass die Kleinen diese Angst vergessen, wenn sie mit anderen zusammen sind, etwa auf einem Kindergeburtstag oder in der Kinderbetreuung. Das Spielen mit dem Besuchshund oder dem Haustier der Gastgeber verläuft dann möglicherweise vollkommen unproblematisch – bis Mama erscheint, mit ihrer Angst und der Erinnerung daran, dass man ja Angst haben sollte, auch wenn die eigene Erfahrung zu einem ganz anderen Verhalten führen würde.

Dieses Erlernen oder Beobachten von Angst ist für den Menschen aus evolutionärer Sicht von großer Bedeutung gewesen: Dank des rasch reagierenden Amygdala konnte die Angstneigung den Menschen vor Schäden bewahren, wenn er gesehen hat, dass ein anderer Mensch sich durch das Essen von bestimmten Beeren oder den Kontakt mit einem unbekannten Tier verletzt hatte.

Wissenschaftler sind sich mittlerweile auch sicher, dass es genetische Dispositionen gibt, die Auswirkungen auf das Angstverhalten haben. Zudem wurde herausgefunden, dass Menschen, deren Mutter während der Schwangerschaft starkem und anhaltendem Stress ausgesetzt war, meist selbst ein dauerhaft erhöhtes Stresslevel haben und dadurch anfälliger für Ängste sind.

Ist das autonome Nervensystem – also das, was wir selbst nicht bewusst steuern können – durch Außenreize leicht erregbar, dann ist man auch für das Ausbilden von Ängsten anfälliger.

Diese leichte Erregbarkeit kann genetisch bedingt sein oder auch erlernt werden. Menschen mit einem leicht erregbaren vegetativen Nervensystem spüren die Erregung meist sehr stark körperlich, sie nehmen also die körperlichen Symptome der Angst stark war, was wiederum zu Angst führen kann.

Zudem ist es auch möglich, ehemals positive oder neutrale Reize mit Angst zu besetzen. Wer beispielsweise beim Zelten von einem schrecklichen Gewitter überrascht wurde und das Unwetter überstanden hat, wird danach vielleicht nicht nur Angst vor Blitzen und Donner haben, sondern sich auch nicht mehr in einem Zelt wohlfühlen. In diesem Fall wurde eine Verknüpfung gebildet.

Wenn du einen Hund hast, kennst du das vielleicht vom Hundetraining: Mitunter kann es geschehen, dass der Hund beim Lernen von Kommandos eine Fehlverknüpfung erstellt und ein bestimmtes Verhaltensmuster zeigt, wenn ein Reiz auf ihn einwirkt, der beim Erlernen eindrucksvoller für ihn war, als das, was er lernen sollte.

Personen, die immer gerne Auto gefahren sind, aber während des Autofahrens ihre erste Panikattacke erlebten, haben deshalb plötzlich panische Angst, wieder in ein Auto zu steigen. Schließlich ist dort dieses unberechenbare Gefühl zuerst aufgetaucht. Das Auto wurde also als vermeintlicher Auslöser deklariert und ist nun als Ort der potenziellen Gefahr mit Angst besetzt. Selbstverständlich hätte die Angst auch ganz woanders auftreten können, etwa in der eigenen Küche, im Supermarkt oder im Kino. Dann wäre dies vermutlich der Ort gewesen, der als Ort der Angst eingeordnet und von der betroffenen Person von nun an eher gemieden worden wäre.

Ängste – warum bin ich damit ganz alleine?

Zunächst erst mal ganz wichtig: Auch wenn es sich so anfühlen mag – du bist nicht alleine mit diesem Gefühl der Angst.

Angst ist ein ganz natürliches Gefühl, das für unser Überleben enorm wichtig ist. Jeder von uns verspürt Angst. Der eine öfter, der andere eher seltener.

Das Gefühl, bedroht zu sein, schützt uns vor Gefahren und hat somit eine eindeutige Funktion. Im Laufe der Evolution hat sie dazu beigetragen, dass sich Lebewesen vor bedrohlichen Situationen geschützt haben. Ein risikobehaftetes Verhalten kann durch das Gefühl der Angst gesteuert und eingeschränkt werden. Doch wie kann das Gefühl der Angst hilfreich sein, wenn es dir das Leben so schwer macht und dich so quält?

Es gibt Personen, die aufgrund von krankhaften Veränderungen im Gehirn, meist in der Amygdala, dem Mandelkern, keine Angst verspüren können. Diese haben in der Regel große Schwierigkeiten damit, Risiken rechtzeitig zu erkennen, selbst- oder fremdgefährdendes Verhalten richtig einzuschätzen und die Warnfunktion zu nutzen, die mit Ängsten normalerweise einhergeht. Schließlich ist das Gefühl der Angst, so unangenehm es auch für uns sein mag, ein Mechanismus, der uns dabei hilft, zu überleben. Wir können eine Situation, ein Tier oder einen Menschen als bedrohlich einschätzen und uns dann entsprechend in unserem Verhalten anpassen.

Wer jedoch keine Angst kennt, kann nicht auf den schützenden Mechanismus zurückgreifen. So wird er vielleicht nicht vor einer giftigen Schlange zurückschrecken und diese melden, um sie von Fachkräften entfernen zu lassen, sondern sich dem Tier aus Neugier nähern. Schließlich wird er weder Sorge um sich selbst, noch um andere verspüren und so keine Veranlassung für Vorsichtsmaßnahmen sehen.

Ein Mensch, der keine Angst verspürt, wird, wenn ein Gewitter aufzieht, nicht schauen, dass er schnell einen sicheren Unterschlupf findet, sondern in seiner Tätigkeit unbekümmert fortfahren. Schließlich hat er kein inneres Warnsystem, das ihm bei Blitz und Donner signalisiert „Vorsicht, Gewitter, Lebensgefahr! Zeit, sich einen Ort zu suchen, an dem du vor Blitzen, herunterfallenden Ästen und Gegenständen sicher bist."

Du siehst also, dass es vollkommen normal und natürlich ist, Ängste zu verspüren – und zum Glück ist es auch den meisten Menschen möglich.

Wie ist es aber nun mit übersteigerten Ängsten oder Ängsten, die in die Kategorie der Angststörung fallen? Betroffene fühlen sich damit meist sehr alleine und wie ein „Alien" zwischen all den normal funktionierenden Menschen. Das Gefühl, „unnormal", „nicht ganz richtig" und eine „große, komische Ausnahme" zu sein, beschleicht sehr viele der Betroffenen.

Tatsächlich ist es aber so, dass sehr viele Menschen zu irgendeinem Zeitpunkt in ihrem Leben mit einer als irrational gewerteten Angst oder sogar einer Angststörung zu kämpfen haben.

Einige Ängste sind in unserer Gesellschaft akzeptierter als andere, etwa die Angst vor Krabbeltieren, wie Spinnen oder Insekten. Diese kann man in der Regel offen aussprechen, auch wenn manch einer darüber lächeln wird. Aber sie ist akzeptiert, auch wenn in unseren Breitengraden üblicherweise keine wirklich gefährlichen Insekten leben, die uns etwas anhaben können.

Die Angst vor der Dunkelheit oder dem Arztbesuch wird meist eher bei Kindern toleriert; ab einem bestimmten Alter sollen wir diese Ängste ablegen oder zumindest nicht mehr thematisieren. Der Besuch beim Zahnarzt ist allerdings eine Ausnahme, denn diese Angst ist so verbreitet, dass sie als „normal" gilt.

Viele von uns behalten aber bis ins Erwachsenenalter eine irrationale, nicht als normal geltende Angst oder Unsicherheit. Am weitesten verbreitet sind dabei vermutlich spezifische Ängste oder Phobien, also die Angst vor einem bestimmten Objekt, einer Situation oder einem Tier.

Laut einer Statista-Umfrage aus dem Jahr 2016 gaben mehr als 28 Prozent der Befragten an, Angst vor Spinnen oder anderen Insekten zu haben. Platz zwei belegte die Angst vor großen Höhen, Platz drei der Zahnarztbesuch. Auch die Angst vor dem Alleinsein oder der Einsamkeit, die Angst vor dem Fliegen, vor

Clowns, Mäusen oder Ratten und die Angst vor engen Räumen finden sich auf dieser Liste.

In den Vereinigten Staaten von Amerika beträgt der prozentuale Anteil derer, die ein Allgemeinkrankenhaus aufsuchen und dabei auch angeben, eine Angsterkrankung zu haben, beinahe 20 Prozent.

Nach Angaben der *World Health Organisation* lag der Anteil derer, die in einer deutschen Arztpraxis von einer generalisierten Angststörung berichten, bei mehr als 8 Prozent.

Interessanter Fakt: Die *Agoraphobie* und die *Panikstörung* gehören zu den häufigsten psychischen Erkrankungen in Deutschland. Fünf von 100 Menschen erkranken in ihrem Leben mindestens einmal entweder an einer Panikstörung oder an Agoraphobie.

Das Gefühl, ganz alleine mit deinen Ängsten zu sein, trügt also. In der Bundesrepublik Deutschland gibt es ungefähr 1,5 Millionen Personen, die unter einer Panikstörung oder unter Agoraphobie leiden. Andere Angsterkrankungen sind dabei noch gar nicht mitgezählt worden.

Unter den Erkrankten, die statistisch erfasst wurden, liegt der Anteil der weiblichen Patienten doppelt so hoch, wie der Anteil der männlichen Patienten. Aufgrund der hohen Dunkelziffer ist allerdings nicht ganz klar, ob Frauen verstärkt unter Angsterkrankungen leiden oder eher bereit dazu sind, sich professionelle Hilfe zu holen und somit statistisch als Betroffene erfasst werden.

Ganz gleich, wie die Zahlen tatsächlich aussehen - uns mag es dennoch so vorkommen, als wären wir alleine mit unseren Unsicherheiten und Leiden! Denn nur ein geringer Anteil an Personen, die unter einer Angststörung leiden, sucht sich professionelle Hilfe und ein noch geringerer Anteil spricht offen über diese Erkrankung.

Vor allem, wenn es sich um bestimmte Phobien handelt, sehen viele Menschen auch keinen Grund, sich weiter mit der Situation auseinanderzusetzen. Stattdessen meiden sie den Auslöser ihrer Angst im Alltag einfach. Je nachdem, was unsere Ängste triggert, kann dies aber sehr schwierig werden und dazu führen, dass wir unser Leben durch das Vermeidungsverhalten massiv einschränken.

Vielfach führen auch die eigenen Glaubenssätze dazu, dass wir uns mit unseren Ängsten alleine fühlen. Wir denken, dass Menschen ab einem bestimmten Alter keine Angst mehr vor gewissen Dingen haben sollten, oder dass es Teil des Erwachsenseins ist, über den Dingen zu stehen. Vielleicht haben wir auch in unserer Kindheit gelernt, dass es als Zeichen von Schwäche gewertet wird, Angst mitzuteilen. Gerade Männer erleben in dieser Hinsicht oft eine Abwertung und es wird vielfach so kommuniziert, als stünde es ihnen nicht zu, vor etwas Angst zu haben. Doch Angst zu haben ist in unserer Gesellschaft generell wenig angesehen und wird zum Teil sogar als ein richtiges Tabu betrachtet.

Wie ist das bei dir?

- Gestehst du es dir selbst ein, wenn du Ängste verspürst?
- Hast du mögliche Ängste immer wieder verdrängt, bis sie sich nicht mehr ignorieren ließen?
- Fühlst du dich alleine mit deinen Ängsten?
- Kennst du jemand anderen, der auch Ängste hat?
- Gibt es eine Person, mit der du dich über deine Gefühle austauschen kannst?
- Fühlst du dich wie ein Sonderling mit deinen Sorgen?
- Welche Ängste werden in deinem Umfeld akzeptiert, welche nicht?
- Gibt es deiner Meinung nach ein Alter, ab dem man nicht mehr ängstlich sein sollte?

- Durftest du in deiner Kindheit klar kommunizieren, was dir Angst gemacht hat? Wie wurde darauf reagiert?

Angst und Scham

Ein gestandener Mann, der Angst vor Gewitter hat? Eine durchsetzungsstarke Rektorin, die die Dunkelheit fürchtet? Wie soll ich meinen Freunden erklären, dass ich sie nicht mehr besuche, weil ich Angst habe, in den Bus oder ins Auto zu steigen?

Ängste zuzugeben, vor anderen und auch vor uns selbst, fällt uns schwer. Während wir mit unserem Selbstbild hadern, fürchten wir bei den anderen eine Reaktion, die uns aus der Gruppe ausschließen könnte. Wir sorgen uns um unser Ansehen, das schreckliche Gefühl, belächelt, nicht ernst genommen oder als „Spinner" bezeichnet zu werden.

Vielfach haben betroffene Menschen die Erfahrung machen müssen, dass sie für ihre Ängste gehänselt wurden oder dass ihnen die Intensität des Erlebens abgesprochen wurde.

„Das ist doch nicht so schlimm! Reiß dich doch zusammen! Man muss es nur wollen! Du willst dich doch nur drücken!" Genau solch ein Unverständnis - und auch die unterschwelligen oder gar offen ausformulierten Vorwürfe und Unterstellungen, man wolle mit dem Ausdruck der eigenen Angst Aufmerksamkeit erzeugen, sich vor unangenehmen Situationen drücken oder sich einfach nicht genug anstrengen - kann dazu führen, dass die Betroffenen versuchen, die Ängste zu verheimlichen.

Zusätzlich zu der Angst baut sich dann Scham auf: „So wie ich bin, bin ich nicht richtig. Mein Umfeld nimmt mich so nicht an. Mir werden schlimme Dinge, wie Faulheit, Bequemlichkeit oder Aufmerksamkeitsgier, unterstellt, wenn ich davon berichte. Mir wird gesagt, ich würde mich in der Rolle ausruhen. Also darf niemand davon wissen."

Scham ist ein sehr heftiges Gefühl und dient in einer Gesellschaft eigentlich dazu, dass ein Mensch, der eine gesellschaftliche Regel missachtet oder übertritt, den anderen signalisiert: „Schaut her, mir geht es schlecht mit dem, was ich getan habe. Ich weiß, dass ich falsch gehandelt habe. Bitte straft mich nicht noch mehr und nehmt mich wieder in eure Gruppe auf."

Scham führt u. a. dazu, dass Menschen, die ein Bewusstsein für sich selbst haben, heftige, unangenehme Gefühle bekommen, wenn sie Gedanken oder Verhalten bei sich erleben, die in der Gesellschaft nicht akzeptiert sind. Dadurch fungiert die Scham als stabilisierendes Element in der Gesellschaft.

Scham kann, wenn sie immer wieder in hohem Maße erlebt wird, aber auch dazu führen, dass wir uns als unzulänglich und wertlos empfinden. Wer sich seiner Angst schämt und diese nicht „in den Griff bekommt", wird sich dafür noch mehr schämen. Zudem können Schuldgefühle auftauchen, wenn wir (aus unserer Sicht) immer wieder scheitern und andere enttäuschen, unsere Aufgaben nicht mehr wie gewohnt verrichten können und aufgrund unserer Ängste auch unsere sozialen Rollen (als Freundin, Mutter, Physiotherapeutin oder Vereinsvorsitzende) nicht mehr wie gewohnt ausüben können.

Die Angst, ausgeschlossen zu werden, in dem sozialen Gefüge keinen Platz mehr zu haben, gesellt sich so zu der eigentlichen Angst und erweitert diese. Dabei gibt es (evolutionsbedingt) für uns Menschen nichts Schlimmeres, als aus unserer Gruppe, unserer Gemeinschaft ausgeschlossen zu werden. Bedeutete dies in früheren Zeiten den sicheren Tod, ist die Gefahr für uns heute vielleicht nicht mehr so drastisch und unmittelbar spürbar, aber die Angst vor Zurückweisung beschäftigt unser Gehirn auch heute noch sehr.

Natürlich sind wir nicht mehr auf eine Gruppe angewiesen und können relativ autonom existieren, ohne befürchten zu müssen, von einem Wildtier oder von verfeindeten Stammesmitgliedern angegriffen zu werden und diesen, ohne die Hilfe von anderen, schutzlos ausgeliefert zu sein. Unser Gehirn ist aber bis heute sehr empfindlich in diesem Bereich und signalisiert uns, dass ein Ausschluss eine enorme Gefahr für unser

Leben bedeutet. Zudem ist die drohende Einsamkeit ein sehr bedrückender und gesundheitsschädigender Zustand, der als sehr belastend empfunden werden kann und daher unbedingt vom Menschen vermieden werden will.

Angst vor der Angst – der Angstkreislauf

Genau hier besteht eine der Gefahren im Umgang mit Ängsten. Wenn wir Angst davor haben, dass unser Umfeld etwas von der Angst mitbekommt, müssen wir zusätzliche Energie aufbringen, um die Angst und ihre Symptome zu verstecken. Wir geraten in Stress, weil wir befürchten, die Angst könnte in einer für uns als peinlich bewerteten Situation auftreten:

„Wie soll ich meiner Professorin erklären, dass mein Herz wie wild klopft und ich zittere wie Espenlaub, weil die Angst kommt? Was ist, wenn sie mich nicht für belastbar und kompetent hält? Was ist, wenn sie an meinen kognitiven Fähigkeiten zweifelt?"

„Was denkt die Bäckereifachverkäuferin, wenn ich keinen Ton heraus bekomme, weil ich Angst habe, zu sprechen, während so viele wartende Kunden hinter mir in der Schlange stehen? Was ist, wenn sie mich für einen Freak hält? Was ist, wenn sich die anderen über mich lustig machen werden?"

„Was werden die Leute im Aufzug denken, wenn ich wieder eine Attacke bekomme, während wir fahren? Was ist, wenn die das merken? Was ist, wenn ich wieder so stark schwitze und unangenehm rieche?"

Genau durch Befürchtungen dieser Art geraten wir in einen sogenannten *Angstkreislauf*: Wir entwickeln Angst vor der Angst. Natürlich ist es nicht die Scham alleine, die wir fürchten. Auch das Gefühl, die Kontrolle zu verlieren, die Angst, körperlich in Gefahr zu sein, vielleicht sogar zu sterben, hilflos zu sein – all das kann Angst vor der Angst erzeugen. Insbesondere die körperlichen Symptome sind oftmals so erschreckend und offenkundig, dass wir sie um jeden Preis vermeiden wollen. Wir beginnen also, Ausschau nach Anzeichen für diese als so schrecklich erlebte Situation zu finden, um ihr rechtzeitig aus dem Weg gehen zu können. Hier funktioniert unser Gehirn eigentlich wie bisher: Wir haben etwas erlebt und reagieren nun mit Vorsicht darauf, um Leib und Leben zu schützen. Im Alltag halten wir aber üblicherweise nicht dauernd Ausschau nach Gefahren. Natürlich, wir schauen links und rechts, bevor wir über die Straße gehen. Wir fürchten aber nicht, dass plötzlich ein Auto in unsere Wohnung oder in das Schwimmbad um die Ecke fährt.

Da Angstattacken oft unvermittelt und wie aus dem Nichts auf uns hereinstürmen, gibt es keinen konkreten Punkt, an dem wir die dabei erlebte Angst festmachen können – außer an uns selbst, unserem Körper und seinen Symptomen.

Nach einer ersten Angstattacke entsteht die Angst vor einer nächsten. Diese Angst wird zur **Erwartungsangst**, die sich auch körperlich niederschlägt: Du erlebst deutlich mehr Stress und stehst unter starker Anspannung. Je nachdem, wie stark du im Angstkreislauf gefangen bist, werden dich Gedanken an eine mögliche nächste Angstattacke gefangen halten und deine volle Aufmerksamkeit beanspruchen. Dadurch ist dein ganzer Körper auf eine mögliche Gefahr eingestellt.

Wie du weißt, setzt bei einer potenziellen Gefahr die Kampf-oder-Flucht-Reaktion oder der Schock-Mechanismus ein. Es treten also Körpersymptome auf, etwa ein schnellerer Herzschlag, ein starkes Schwitzen, Zittern, ein Engegefühl im Hals oder ein Gefühl von Benommenheit. Diese Gefühle werden aufgrund der hohen Anspannung sofort bewertet und als Bestätigung für eine Gefahr deklariert, wodurch noch mehr Stresshormone aktiviert werden und die Angst steigt, bis sie sich zu einer vollen Angst- oder Panikattacke entwickelt.

Alternativ kann sich ein diffuser Zustand der Dauererregung einstellen, in der wir immer in Habachtstellung sind und uns und unseren Körper dahingehend überprüfen, ob es Anzeichen für Angst oder eine Gefahr gibt.

Auch Gedanken oder Erinnerungen an andere überstandene Panikattacken oder Angstsituationen können dafür sorgen, dass dieser Kreislauf einsetzt. Wir erinnern uns, nehmen diese Gedanken wahr, erkennen sie als Gefahr, das Angstprogramm wird aktiviert, wir erleben die starken körperlichen Symptome, die mit Angst einhergehen und fürchten uns nun vor dem Kontrollverlust, dem Tod oder etwas anderem. Dabei müssen die Gedanken nicht einmal uns selbst betreffen. Wir können auch in der Zeitung von einem Menschen in unserem Alter lesen, der aus dem Nichts von seinem Partner verlassen wurde oder beim Sport einen plötzlichen Herzstillstand erlitten hat. Was ist, wenn uns dies auch so geht?

Und schon wird der gesamte Kreislauf wieder in Bewegung gesetzt – und wir sind mittendrin. Vor allem die körperlichen Symptome, die für die Betroffenen oft – insbesondere zu Beginn der Krankheit – unerklärlich sind, verstärken den Angstkreislauf. Ein Mensch, der nicht unter Ängsten leidet, würde vielleicht nicht einmal bemerken, dass das Herz etwas schneller geschlagen hat oder ihm wäre vielleicht kurz schwindelig, aber er würde dem Ganzen keine besondere Bedeutung beimessen.

Wer aber Angst vor der Angst hat und sich, seine Gedanken und seinen Körper ständig überwacht und in jedes Symptom hineinhorcht, wird auch jede kleine Veränderung mitbekommen. Wenn es keine direkte Erklärung dafür gibt, kann diese Veränderung dann Angst machen und dafür sorgen, dass der Angstkreislauf beginnt.

Auch wenn Menschen um ihre Ängste wissen, kann es schwierig sein, die empfundenen Symptome als Teil der Angst zu akzeptieren. Es ist schwierig, in einer sowohl mental als auch körperlich fordernden Situation die Ruhe zu bewahren und sich zu erklären, dass die Symptome zwar unangenehm, aber nicht unmittelbar eine Bedrohung darstellen, sondern nur als Teil der Angst oder Panik auftreten.

Ein Angstkreislauf kann an jeder Stelle seiner einzelnen Komponenten beginnen, wenn er sich erst mal etabliert hat und es kann sehr schwer sein, diesen automatisierten Prozess zu unterbrechen.

Er zeigt sich sehr hartnäckig, auch wenn du vielleicht bereits weißt, dass die klammen Hände daher kommen, weil du gleich eine Rede halten musst und auch dein klopfendes Herz nur ein Symptom deiner Aufregung und nicht ein Zeichen für eine organische Erkrankung ist.

Dennoch ist er zu durchbrechen und auch hierbei hilft es, sich gut zu informieren und den diffusen Gefühlen mit Hintergrundwissen zu begegnen. Je mehr du etwas verstehst, desto leichter fällt es dir, Muster und Zusammenhänge zu erkennen und Dinge, die du erlebst, einzuordnen.

Halte bitte noch mal einen Moment inne und gönne dir eine kurze Pause.

Wenn du soweit bist, schaue dir folgende Fragen an und beobachte, was für Impulse in dir aufsteigen:

- Schämst du dich für deine Ängste?
- Wurdest du wegen der Ängste bereits ausgegrenzt oder belächelt?
- Hat man dich mit deinen Ängsten nicht ernst genommen?
- Wurde dir unterstellt, du würdest Aufmerksamkeit auf dich lenken wollen?
- Hältst du deine Ängste vor anderen geheim? Wenn ja, warum?
- Hast du die Befürchtung, jemand würde deine Hilflosigkeit ausnutzen, wenn du Angst hast und auf Hilfe angewiesen bist?
- Glaubst du, du kannst dich mit deinen Ängsten annehmen?

- Wie fühlt es sich an, wenn du versuchst, Angst zu unterdrücken?
- Wie ist es, wenn du Außenstehenden erklärst, was in dir vorgeht?
- Hast du den beschriebenen Angstkreislauf auch bei dir erlebt?

Kapitel 2 - Ängste einordnen

Auch wenn Informationen dich nicht vor dem Gefühl der Angst schützen, können sie dir dabei helfen, deine Ängste einzuordnen und sie besser zu verstehen.

Wer häufiger unter Symptomen leidet, die zuvor als Symptome von Angst oder Panik aufgeführt wurden, sollte zunächst abklären, ob es eine körperliche Ursache für diese Symptome gibt.

Denn auch hormonelle Schwankungen, Probleme mit der Schilddrüse oder andere organische Erkrankungen können diese Symptome verursachen.

Ganz wichtig ist eine medizinische Abklärung bei dem Gefühl von Atemnot, Herzrasen oder Herzstolpern. Übernimm die Verantwortung für deine Gesundheit und vergewissere dich, bevor du eine Eigendiagnose stellst. Um eine organische Erkrankung, etwa am Herzen, der Lunge oder einem anderen Organ, ganz ausschließen zu können, kannst du dich von deinem Hausarzt gründlich untersuchen lassen und gegebenenfalls auch zu einem Facharzt vermitteln lassen, etwa zu einem Kardiologen oder zu einem Facharzt für Pneumologie.

Mithilfe einer allgemeinen medizinischen Untersuchung sowie weiteren Maßnahmen, wie der Auswertung eines Blutbildes, eines EKG oder einer Lungenfunktionsprüfung, kann ermittelt werden, ob es eine organische Ursache für deine Beschwerden gibt. Ist keine Ursache erkennbar, kann dies einerseits zwar verunsichern („Da ist doch was mit mir? Ich spüre das doch genau. Der Arzt hat nur nicht richtig geguckt. Der nimmt mich nicht ernst!"). Andererseits kann es aber auch eine Chance sein, sich der Situation aus einer neuen Perspektive anzunähern.

Wenn du unsicher bist, ob du dich auf die Erkenntnisse deines Arztes verlassen kannst, steht es dir frei, eine zweite Meinung einzuholen, um sicherzugehen. Dabei ist ganz wichtig: Menschen, die unter Ängsten leiden, können sich sehr schwer damit tun, zu akzeptieren, dass keine organische Ursache für ihre Beschwerden festgestellt werden kann. Sie befürchten, der Arzt würde sie mit ihren Beschwerden nicht ernst nehmen oder sie als Hypochonder bezeichnen. Das kann in seltenen Fällen tatsächlich auch mal der Fall sein. Üblicherweise sind Ärzte jedoch sehr bemüht, sicherzustellen, dass sie keine krankhaften Veränderungen an deinem Körper übersehen.

Wenn du zwei Meinungen eingeholt hast und auch Laborwerte oder technische Untersuchungen nicht erkennen lassen, dass du organische Beeinträchtigungen hast, versuche dies zunächst positiv zu betrachten. Hurra, deine Organe sind soweit gesund! Sicher, das entfernt das Herzrasen oder das Gefühl des Kloßes im Hals nicht. Aber du weißt, dass diese Symptome kein Indikator für eine schwerwiegende Krankheit sind, sondern sich höchstwahrscheinlich als Symptome einer starken körperlichen Erregung einsortieren lassen.

Diese Erkenntnis kann für manche Menschen schon sehr beruhigend sein. Bei anderen verfliegt dieses Beruhigungsgefühl leider recht schnell wieder und sie möchten bei dem nächsten Herzrasen sofort wieder die Bestätigung durch eine Fachkraft haben, dass sie organisch gesund sind. Das kann sich zu einem sogenannten Ärzte-Hopping ausweiten, bei dem die Betroffenen von Arzt zu Arzt ziehen, um immer wieder neue Meinungen einzuholen und sich bestätigen zu lassen, dass mit ihnen alles in Ordnung ist. Leider hält diese Form der Beruhigung dann meist nur bis zur nächsten Angstattacke an und der Betroffene ist in einem zusätzlichen Kreislauf gefangen: Er braucht konstante Bestätigung von außen, kann sich nicht selbst beruhigen und Symptome nicht einordnen.

Bist du jedoch in der Lage deine Angst zumindest etwas einzuordnen, kannst du trainieren, deine körperlichen Beschwerden als Teil der Angst zu erkennen und sie entsprechend zu bewerten.

In der Regel ist das für die meisten von uns vergleichsweise einfach, zumindest immer dann, wenn der Angstauslöser klar zuzuordnen ist. Gehst du beispielsweise mit deinem Hund spazieren und plötzlich kommt ein Wildschwein aus dem Gehölz auf dich zugestürmt, wirst du kaum eine Herzerkrankung bei dir vermuten, wenn nun dein Herz schneller schlägt. Du erkennst den beschleunigten Herzschlag ganz klar als Symptom deiner Angst, die sich aufgrund der bedrohlichen Situation zeigt. Anders verhält es sich in Situationen, in denen keine klar zu erkennende Gefahr für dich ersichtlich ist. Da muss es dann doch an deinem Körper liegen, oder?

Nein, nicht, wenn es sich um eine Angst- oder Panikstörung handelt oder dir die Ursache für deine Angst aus einem anderen Grund gar nicht bewusst ist. Denn wie du bereits am Anfang dieses Buches erfahren hast, werden die körperlichen Symptome bei Angst durch dein vegetatives Nervensystem ausgelöst. Die Verbindung zwischen den körperlichen Empfindungen und dem, was dein Nervensystem aktiviert hat, muss dir nicht immer bewusst sein.

Sind organische Gründe als Ursache ausgeschlossen worden, wird in der Regel geschaut, ob eine psychische Erkrankung vorliegt. Ist die Angst psychisch bedingt, spricht man von einer Angst- oder Panikstörung.

Nach der ICD-10, also der *Internationalen statistischen Klassifikation der Krankheiten und verwandter Gesundheitsprobleme*, werden folgende Formen von Angst- und Panikstörungen unterschieden:

Phobische Störungen

Bekannte Krankheitsbilder unter den phobischen Störungen sind die **Agoraphobie** und die **Soziale Phobie**.

→ Soziale Phobie

Die Soziale Phobie kann je nach Ausprägung die Furcht vor sozialen Interaktionen verschiedenster Abstufungen bedeuten. Die Betroffenen können dabei die Befürchtung haben, bloßgestellt zu werden, sich peinlich oder ungeschickt zu verhalten, Scham bezüglich des eigenen vermeintlichen Fehlverhaltens erleben oder die Sorge haben, im Zentrum der Aufmerksamkeit der Mitmenschen zu stehen, mit diesen interagieren zu müssen und sich dabei zu blamieren.

→ Agoraphobie

Die Agoraphobie kann ebenfalls verschiedene Aspekte umfassen, etwa die Furcht vor öffentlichen Plätzen oder Menschenmengen, die Furcht, sich vom sicheren Zuhause entfernen zu müssen oder von einem Ort nicht fliehen zu können, etwa aus einer vollen U-Bahn oder aus einem Kinosaal.

→ Spezifische Phobien

Spezifische Phobien sind sehr verbreitet und gesellschaftlich oft auch akzeptierter als andere Angstformen, insbesondere Tierphobien, wie etwa die **Arachnophobie**, also die Angst vor Spinnen oder die **Kynophobie**, die Angst vor Hunden oder die Angst vor Mäusen. Auch die **Flugangst**, die **Höhenangst** oder die **Platzangst** sind relativ weit verbreitet und akzeptiert, da sie auch für Außenstehende klar zuzuordnen und bis zu einem gewissen Grad nachvollziehbar sind. Aussagen, wie „Zum verkaufsoffenen Sonntag mitkommen? Nee, da bekomme ich Platzangst" oder „Wenn ich Blut sehe, kippe ich um" zeigen, wie vergleichsweise unkompliziert diese Phobien in der Gesellschaft akzeptiert werden. Auch die Angst vor **Gewitter**, **Wasser** oder **Spritzen** kann zu den spezifischen Phobien gezählt werden. Es gibt einen konkreten Gegenstand oder eine klar zu benennende Situation, vor dem der Betroffene Furcht empfindet.

Andere Angststörungen

Andere Angststörungen sind die **Panikstörung** und die **Generalisierte Angststörung**.

→ Panikstörung

Die Panikstörung ist eine Störung mit unvermittelt auftretenden starken Angstattacken, also Panik. Diese Panik lässt sich, anders als Phobien, nicht auf einen spezifischen Gegenstand, ein Tier oder eine Situation beziehen und sie kann die Person scheinbar vollkommen unerwartet treffen. Die Angst wird als sehr heftig erlebt und geht in der Regel mit sehr starken körperlichen Symptomen einher. Häufig tritt eine Panikstörung aufgrund ihrer Symptomatik gemeinsam mit einer Agoraphobie oder mit einer Depression auf. Wenn die Betroffenen mehrfach eine Panikattacke erlebt haben, führt dies häufig dazu, dass sie sich zurückziehen und Menschenmassen und öffentliche Plätze meiden, um beim Auftreten einer Attacke schnell Schutz suchen zu können. Somit kann sich eine Agoraphobie entwickeln, denn alleine der Gedanke, in einer Situation festzustecken, aus der während einer Attacke nicht geflohen werden kann, etwa aus der U-Bahn, aus einem Aufzug oder aus einem vollen Kinosaal, kann Angst auslösen und dazu führen, dass die Betroffenen diese Situationen zunehmend meiden.

→ Generalisierte Angststörung

Eine Generalisierte Angststörung geht mit einer anhaltenden Angst einher. Sie ist nicht an bestimmte Auslöser gebunden, wie es bei einer Phobie der Fall ist, und tritt auch nicht vollkommen unerwartet auf, wie die Panikattacke. Stattdessen ist sie nahezu immer gegenwärtig und variiert lediglich in ihrer Stärke. Die Betroffenen erleben diese Angst als schwer kontrollierbar, allgegenwärtig und kräftezehrend. Die Ängste können dabei vollkommen diffus sein oder sich in Sorgen äußern, die sich die Betroffenen um sich selbst, um Angehörige oder auch um die Umwelt allgemein machen. Zentrale Themen sind dabei die aktuelle Arbeitslage, die gesundheitliche Verfassung, das Wohl der Familie oder die finanzielle Situation der Person selbst, ihrer Angehörigen oder ihrer Freunde. Ökonomische Krisen, Epidemien oder politische Krisen können ebenfalls Sorgen und Befürchtungen bei den Betroffenen auslösen. Die Angst zeigt sich hierbei in ganz unterschiedlicher Form: Die Betroffenen leiden häufig unter einer erhöhten Muskelspannung mit den damit verbundenen Schmerzen, einem erhöhten Puls, Schwindel, Bauchschmerzen, Schwitzen oder Zittern. Allgemeine Erschöpfung, Ruhelosigkeit, Probleme, sich zu konzentrieren oder erholsam zu schlafen, sind ebenfalls symptomatisch bei einer Generalisierten Angststörung.

Der ständige Begleiter: Die Angst vor der Angst

Hat sich erst mal die Angst vor der Angst entwickeln können, sind die meisten Menschen rasch in dem bereits zuvor vorgestellten Angstkreislauf gefangen.

Wie wir bereits erfahren haben, besteht ein direkter Zusammenhang zwischen der Erwartungsangst und der erlebten Angst.

Auch wenn der Angstkreislauf bei den meisten Menschen nach dem genannten Muster abläuft, gibt es doch Unterschiede im sogenannten *Angstverhalten*. Der Umgang mit der Angst wird zum Teil erlernt, zum Teil ergibt er sich aus der eigenen Emotionsstruktur, ist also bis zu einem gewissen Grad auch angeboren. Das bedeutet, dass der Mensch eine bestimmte Neigung zu einem Verhalten im Umgang mit Angst haben wird.

Dennoch bist du in der Lage, ein bestimmtes Risikomanagement und einen neuen Umgang mit Angst zu erlernen, ganz gleich mit welcher Emotionsstruktur und Veranlagung du geboren wurdest. Jedoch werden dir manche Dinge schwerer, andere wiederum leichter fallen.

In der Wagnisforschung wird dieses Themengebiet näher erkundet. Der Forscher Siegbert A. Warwitz hat dabei acht verschiedene Verhalten benannt, die sich den Verhaltensbereichen Überhöhung, Fluchtreflex, Verharmlosung oder Angriffshaltung zuweisen lassen.

→ Verdrängungsverhalten

Das Verdrängungsverhalten führt dazu, dass der Betroffene versucht, die empfundenen Angstgefühle zu unterdrücken. So können die Tagesaufgaben weiter ausgeführt werden, während die wahrgenommenen Ängste verdrängt werden.

→ Leugnungsverhalten

Auch hier versucht der Betroffene die Ängste beiseite zu schieben und auszublenden. Anders als beim Verdrängungsverhalten wird aber versucht, die Angst komplett zu leugnen. So wird sie auch vor anderen geheim gehalten und nicht thematisiert. Sie ist nach außen nicht existent.

→ Bagatellisierungsverhalten

Der Betroffene erlebt die Angst, verharmlost jedoch die körperlichen und mentalen Auswirkungen sich selbst gegenüber. Auch seinem Umfeld signalisiert er, dass die Ängste halb so schlimm sind; sie werden bagatellisiert.

→ Vermeidungsverhalten

Der Betroffene erlebt die Angst bewusst, versucht ihr aber auszuweichen, indem er die Situationen, Menschen oder Dinge bewusst meidet, die er als Auslöser für seine Ängste gefunden zu haben glaubt. Das Vermeidungsverhalten kann dazu führen, dass sich der Bewegungsradius des Betroffenen immer weiter einschränkt.

→ Heroisierungsverhalten

Das Heroisierungsverhalten ist dadurch gekennzeichnet, dass die Betroffenen die Angst mit ihren mentalen und körperlichen Auswirkungen annehmen und sie möglicherweise sogar direkt suchen, da mit dem Aushalten der Angst eine außerordentliche, heldenhafte Leistung erlebt wird.

→ Generalisierungsverhalten

Beim Generalisierungsverhalten wird die Angst, auch wenn es sich um starke Ängste oder Panikattacken handelt, als normale Emotion relativiert. Dadurch wird das Erlebte weniger bedrohlich und der Betroffene erlebt sich nicht mehr als außenstehender Sonderfall oder krank.

→ Übertreibungsverhalten

Der Betroffene versucht, die mit der Angst einhergehenden Gefühle und körperlichen Symptome abzumildern, indem bestimmte Sicherheitsvorkehrungen wiederholt angewandt werden. Auch vollkommen übertriebene Maßnahmen sollen die Angst zügeln.

→ Bewältigungsverhalten

Mit dem Bewältigungsverhalten versuchen die Betroffenen realistisch zu erkennen, wie sich die Angst auf sie auswirkt. Zudem versuchen sie, das Ausmaß der Angst an die Situation anzupassen. Dazu bedienen sie sich dem sogenannten **funktionierenden Angstwissen**.

- Wie fühlst du dich, wenn du diese Verhaltenstypen anschaust?
- Hast du dich irgendwo wiedergefunden?
- Haben dich manche der aufgelisteten Verhaltenstypen erstaunt?

Für Personen, die unter ihren Ängsten leiden, ist vor allem das Heroisierungsverhalten meist schwer zu verstehen. Bis zu einem gewissen Grad mag das für manche von uns nachvollziehbar sein:

Fast jeder von uns kennt jemanden, der den Nervenkitzel bei einer Achterbahnfahrt mag, oder es genießt, sich bei einem richtig heftigen Horrorfilm zu gruseln.

Es wird vermutet, dass dies damit zusammenhängt, dass wir in unserer heutigen Gesellschaft kaum mehr realen Gefahren im Alltag ausgesetzt sind. Weder steht bei der Nahrungsbeschaffung plötzlich ein wildes Tier vor uns im Supermarkt, noch müssen wir Angriffe von Mitgliedern eines Nachbarstammes fürchten. Somit verschaffen sich einige Menschen einen Angstkick, indem sie ihre Emotionen auf die typische „Angstachterbahn" schicken.

Wird Angst nämlich erfolgreich überwunden, etwa wenn die Achterbahn am Ziel ankommt, dann fühlt sich der Achterbahnfahrer mutig und beglückt. Er wird mit einem Gefühl der Erleichterung belohnt und mit dem Wissen, dass er etwas geschafft hat, was andere sich nicht trauen.

Dabei ist es relativ egal, ob es sich um reale Angst handelt, weil derjenige wirklich mit der Achterbahn gefahren ist oder um eine fiktive, weil er nur den Figuren einer Geschichte folgt. Das Gehirn sortiert das Ganze als Angstsignal ein, veranlasst die entsprechenden körperlichen Symptome und reagiert danach mit Entspannung.

Wir kennen das auch aus Situationen, in denen wir uns endlich etwas getraut haben, wie den Besuch beim Zahnarzt oder die Präsentation vor dem wichtigen Kunden. Haben wir uns getraut und ist das Ereignis halbwegs gut verlaufen, ohne dass wir stark körperlich oder seelisch gelitten haben, gehen wir beglückt und mit etwas mehr Selbstvertrauen aus der Situation.

Anders verhält es sich allerdings, wenn wir nur schreckliche Angst dabei erleben und das Ganze für uns durchweg fürchterlich ist. Dann greifen wir womöglich zu anderen Verhaltensweisen.

Die zuvor vorgestellten Verhaltensformen müssen nicht zwangsläufig isoliert auftreten; es kann auch Mischformen geben. Zudem kann sich das Verhalten auch ändern, je nach Situation und Angstauslöser. Weiterhin kann es auch davon abhängen, wie sicher wir uns mit den Menschen fühlen, die gerade um uns herum sind. Vor fremden Menschen möchten wir unsere Angst vielleicht weniger zeigen, als vor unseren Herzensmenschen, von denen wir hoffen, dass sie uns unterstützen können.

- Gibt es ein Verhalten, das du gerne im Umgang mit Angst zeigen würdest? Warum?
- Welches Verhalten hat dich instinktiv angesprochen?
- Wurde ein erwähntes Verhalten in deiner Erziehung favorisiert?
- Wünscht sich dein jetziges Umfeld eine der erwähnten Verhaltensweisen? Wenn ja, warum?
- Welches Muster hat dich abgeschreckt?
- Erlebst du bei dir Mischformen?
- Oder zeigst du ein ganz anderes Verhalten, dass du hier nicht zuordnen kannst?

Ängste durch reale Bedrohungen

Wir haben bereits gelernt, dass Angst immer gleich vom Körper wahrgenommen wird – ganz gleich, ob sie einen realen Bezug hat oder nicht.

Dennoch kann sich der Umgang mit der Angst durch reale Bedrohungen maßgeblich von der mit anderen Ängsten unterscheiden – denn hier haben wir nicht nur die Aufgabe, unsere Emotionen zu besänftigen und gut für uns zu sorgen, sondern wir müssen auch einen Weg finden, mit der realen Gefahr umzugehen.

Natürlich sind auch diffuse oder durch Angststörungen verursachte Ängste, deren Auswirkungen sehr deutlich spürbar sind, eine reale Belastung für die Betroffenen.

Wichtig ist zunächst: Ängste durch reale Bedrohungen haben ihren Grund, sie haben eine gewisse Berechtigung. Auch wenn wir sie als sehr unangenehm empfinden, können sie sehr wichtig für uns sein.

Wir haben bereits gelernt, dass die Ängste durch reale Bedrohungen dazu dienen, dass wir uns vorsichtig verhalten. Sie fungieren als Alarmanlage und beschützen uns somit vor akuten oder langfristigen Gefahren. Daher sollte man auftretende Ängste bei realen Bedrohungen als das wahrnehmen, was sie sind: Als Signal, das den Organismus davor bewahren möchte, Schaden zu erleiden, wenn er keine frühzeitige Maßnahme trifft.

Nehmen wir mal an, du würdest deinen Job verlieren und wärest dabei vollkommen frei von unguten Gefühlen bezüglich deiner Zukunft. Du würdest dir keine Sorgen um deine laufenden Kosten machen, wie du dich versorgst oder was du mit deiner Zeit anfängst. Du wärest frei von jeglichen als negativ wahrgenommenen Gefühlen, die dich normalerweise dazu bringen würden, entsprechende Maßnahmen zu ergreifen.

Wenn absehbar ist, dass dein Job aufgrund einer ökonomischen Krise in Gefahr ist, sorgt die Angst, finanziell nicht mehr unabhängig zu sein, möglicherweise unter normalen Umständen dafür, dass du dich auf andere Stellen bewirbst. Oder du hältst nach anderen Möglichkeiten Ausschau, dich gut versorgen zu können. Du kannst proaktiv handeln, wenn sich eine Krise abzeichnet. Du wirst so zwar nicht die Situation, also die Wegrationalisierung deines Jobs, verändern oder aufhalten, aber deinen Umgang damit so gestalten, dass du weiterhin der aktive Part in deinem Leben bleibst.

Ähnlich lässt sich dieses Beispiel auch auf andere Situationen übertragen: Gibt es immer wieder Familienprobleme, etwa Uneinigkeiten in der Kindererziehung oder Probleme mit dem Lieblingsmenschen, ist die Angst davor, als Familie zu scheitern, real.

Diese Angst erlaubt dir aber auch, die potenzielle Bedrohung frühzeitig zu erkennen und Gegenmaßnahmen zu ergreifen. Du kannst gedanklich verschiedene Optionen durchspielen, die zu einem anderen Ergebnis kommen würden, als das, was deine Angst dir zeigt.

So wirst du auf eine mögliche Krise, die dir schaden könnte, hingewiesen, noch bevor schlimmere Schäden entstehen konnten und du bist in der Lage, zu handeln.

Oft ist es doch so, dass wir, auch wenn wir Schwierigkeiten bemerken, diese für eine ganze Weile ignorieren. Der „innere Schweinehund" ist größer und lässt uns immer wieder vom richtigen Weg abkommen. Bis dann ein großer Schreck dafür sorgt, dass wir uns in Bewegung setzen. Sei es, weil wir Anzeichen eines Erschöpfungszustandes bei uns wahrnehmen und uns nun endlich mit unserer Work-Life-Balance auseinandersetzen oder weil der Arzt eindringliche Worte bezüglich unseres Gewichtes an uns gerichtet hat und wir dieses Thema nun ernster nehmen.

Sich um etwas zu kümmern und aktiv zu werden, ist mit deutlich mehr Arbeit verbunden, als alles zu ignorieren oder sich nur bei der Freundin zu beschweren.

Darum fällt es uns auch so schwer, weil wir unsere Routinen und Bequemlichkeiten so sehr lieben.

Bis dann der Moment kommt, in welchem du wirklich Angst hast – um die Ehe, um die Kinder.

Angst bei realen Bedrohungen kann nach einem ersten Schockmoment oft wie ein Katalysator wirken, der lang geplante Tätigkeiten oder Änderungen aktiviert. Denn wer Angst verspürt, bemerkt, dass die Bedrohung näher rückt und dass es an der Zeit ist, etwas zu tun.

Schwieriger wird es bei Ängsten durch reale Bedrohungen, gegen die wir selbst wenig ausrichten können. Dies könnte etwa eine Krankheitsdiagnose, eine Naturkatastrophe oder eine Epidemie sein. Weder können wir ganz alleine etwas gegen eine diagnostizierte chronische Krankheit ausrichten noch gegen den Klimawandel oder einen Virus, der das Gesundheitssystem herausfordert. Doch auch hier kann man die Angst anerkennen und schätzen, als das, was sie ist: Unser Frühwarnsystem, das uns vor Schäden bewahren soll. Vielleicht gibt es für uns alleine keine Möglichkeit, etwas aufzuhalten – aber auch bei dieser Form von Bedrohung können wir unseren Umgang mit der Angst wahrnehmen.

In den meisten Fällen ist es hilfreich, die Angst nicht zu leugnen oder zu verharmlosen. Sprüche, wie „Alle haben jetzt Angst. Was soll ich mir da einen Kopf machen? Ich sollte mich nicht so anstellen. Eigentlich berührt mich das gar nicht!" können dich sehr unter Druck setzen. Dies ist insbesondere dann der Fall, wenn du die Angst eigentlich sehr deutlich spürst. Meist ist es nach anfänglichen Schwierigkeiten leichter, die Angst anzuerkennen und bewusst wahrzunehmen. Die Herausforderung dabei ist, sich aber trotzdem nicht davon überwältigen lassen.

Stattdessen ist auch hier ein besonnener Umgang mit der Angst und mit der Situation gefragt.

Zunächst einmal ist es völlig normal, im Angesicht einer Pandemie, einer schlimmen Diagnose oder eines schmerzlichen Verlustes starke Angstgefühle, vielleicht sogar Panik zu verspüren.

Erlaube dir diese Gefühle und gib dir Zeit, diese zu verarbeiten. Sie zu verleugnen kann dazu führen, dass sich noch mehr Druck aufbaut und sich die Angst dadurch sogar verstärkt.

Wenn du dir allerdings die Möglichkeit gibst, die Gefühle zu durchleben, hast du irgendwann die Chance, die Situation mit Abstand zu betrachten.

Nachdem du den ersten Schreck, die aufkommende Wut, Trauer oder Fassungslosigkeit überwinden konntest, bist du nun in der glücklichen Position, die Situation analysieren zu können. Durch die Ängste wurde dein ganzer Organismus alarmiert und deine gesamte Aufmerksamkeit wurde auf die Situation, auf das Problem gelenkt. Schaffst du es nun, mit kühlem Kopf in die Situation zu gehen und zu handeln – nicht zuletzt weil du dir auch immer wieder Möglichkeiten zur Verarbeitung der Situation gibst und auftretende Wut oder Angst anerkennst – kannst du aktiv bleiben, anstatt nur irgendwann zu reagieren. Du musst nicht passiv in einer Situation verharren und schauen, was diese mit dir machen wird. Vielmehr hast du die Chance, deine Selbstwirksamkeit zu erkennen und zu nutzen.

Wie fühlst du dich nach dem Lesen dieses Abschnittes? Wie erlebst du Ängste durch reale Bedrohungen? Die folgenden Fragen geben dir die Möglichkeit, über das Gelesene und deine eigene Position nachzudenken:

- Akzeptierst du Ängste als normale Reaktion oder erlaubst du dir diese Emotion nicht?
- Hast du das Gefühl, du dürftest in deiner Position keine Ängste verspüren?
- Wirst du in entsprechenden Situationen von Ängsten überwältigt?

- Ist es dir möglich, nach der ersten Angst wieder einen kühlen Kopf zu bekommen?
- Kannst du Angst auch als nützlich betrachten?
- Hat dir die Sorge um jemanden oder um etwas schon mal den nötigen Antrieb gegeben oder dir neue Kraft geschenkt?
- Kann Angst ein Katalysator sein?
- Ist Angst prinzipiell schlecht?
- Wärst du lieber ein echter Draufgänger, anstatt ängstlich zu sein? Welche Vorteile, welche Nachteile fallen dir ein?

Ängste ohne unmittelbare reale Bedrohung

Wie ist es nun aber mit der sogenannten *unbegründeten* oder *unangemessen starken Angst*?

Mitunter wird diese Angst auch als *nicht reale* oder *falsche Angst* bezeichnet, aber diese Benennung wird dem, der sie spürt, nicht gerecht.

Für die Betroffenen können sich Ängste ohne unmittelbare reale Bedrohungen genauso heftig und vernichtend anfühlen, wie Ängste, die durch eine reale Bedrohung ausgelöst werden. Auch wenn kein wildes Tier vor der Person steht, kann sie trotzdem Todesängste erleben, mit all den körperlichen und mentalen Symptomen. Ein beschleunigter Herzschlag, das Gefühl, keine Luft zu bekommen, in Ohnmacht zu fallen, vor Angst verrückt zu werden oder sich in die Hose machen zu müssen, können dann ebenso auftauchen wie schwitzende Hände, ein trockener Mund oder heftiges Zittern.

Das liegt daran, dass dein Mandelkern ein Angstsignal ausgelöst hat und dein Organismus daraufhin mit dem üblichen

Angstprogramm reagiert – je nach Trigger und Situation übernimmt dabei der Sympathikus oder der Parasympathikus; mitunter kann es auch eine bunte Mischung an Symptomen sein. Dein Gehirn möchte dich damit nicht ärgern; es macht nur seinen Job. Es wird eine Gefahr wahrgenommen und daraufhin wird eine Angstreaktion ausgelöst – auch wenn dies unbewusst geschieht und für dich in diesem Moment absolut keinen Sinn macht. Schließlich muss dein Gehirn deinen Organismus vor der Gefahr schützen und deinen Körper darauf vorbereiten, dass er im Notfall kämpfen, fliehen oder sich tot stellen kann.

Wie unterscheiden sich diese Ängste nun aber von denen des vorangegangenen Kapitels?

Wann spricht man von einer *unbegründeten Angst*?

Diese Frage zu beantworten, ist gar nicht so leicht!

Ist es beispielsweise unbegründet, wenn eine Person, die als Schulkind von einem Hund gebissen wurde, danach Angst vor Hunden hat? Manche Menschen würden diese Frage mit ja beantworten, denn schließlich ist ihr danach nie wieder etwas Unangenehmes mit Hunden passiert und die meisten Tiere in ihrem Umfeld sind sehr gut erzogen und freundlich. Andere würden verneinen, denn eine solche Erfahrung setzt natürlich einen Lernprozess in Gang: Die Person nimmt Hunde von nun an in die Kategorie der Dinge, Lebewesen und Situationen auf, die gefährlich sein könnten und die man deswegen meiden sollte.

Oder wie verhält es sich mit jemandem, der große Angst vor dem Zahnarzt hat, weil während einer Behandlung die Betäubung plötzlich nicht mehr gewirkt hat?

Ist es nicht absolut nachvollziehbar, dass er die Befürchtung hat, dass dies wieder geschieht?

Daher wird in der Regel situativ geschaut und es werden mehrere Kriterien hinzugezogen, um zu bewerten, ob und wann eine Angst als *unbegründet* oder *unangemessen* bezeichnet wird.

Ist die Person des Beispiels mit dem Hund vorsichtig im Umgang mit Hunden, wird niemand von einer unangemessenen Angst sprechen. Kann sie aber an keinem Hund vorbeigehen, muss sie deshalb die Straßenseite wechseln und erlebt sie heftige Angstanfälle, wenn sie einen Hund nur sieht, dann ist die Angst in der aktuellen Situation nicht angemessen.

Hält diese Angst dann auch noch länger an, ist also auch noch lange spürbar, nachdem der Hund längst außer Sichtweite ist und beeinflusst sie die Verfassung der Person nachhaltig und mit einer Vehemenz, dann spricht dies ebenfalls dafür, dass es sich um eine unangemessen heftige Angst handelt, die in dieser Form unbegründet ist. Der Hund kann der Person nicht schaden. Er ist nicht mal mehr physisch anwesend. Die Ängste, die die Person belasten, sind zwar real, aber es gibt keine reale Bedrohung.

Es ist ganz wichtig, diesen Punkt zu unterscheiden: Die Angst ist real, aber es gibt keine reale Ursache.

Dieser Umstand macht es für die Betroffenen meist selbst extrem schwer, ihre Gefühlslage zu erklären. Manchmal werden Pseudobegründungen herangezogen, um der Situation nachträglich einen Sinn zu geben, wie „Ich war wegen etwas anderem belastet", „Ich war müde, da habe ich etwas überreagiert" oder „Der Hund war aber aggressiv, das hast du nur nicht gesehen."

Es ist sehr belastend, an sich selbst ein Verhalten oder Gedanken wahrzunehmen und keinen Sinn erkennen zu können. Selbst wenn sich die Betroffenen innerlich zur Ordnung rufen, sich ermahnen oder logisch herleiten, dass es keinen Grund zur Angst gibt („Der Hund ist doch längst weg, warum jammerst du denn noch!?") und dabei teilweise sehr hart mit sich selbst umgehen, sind die Angstreaktionen in der Regel zunächst wenig kontrollierbar.

Dies führt meist zu starken Einschränkungen im Leben der Betroffenen: Der Alltag, die Gefühlswelt, die Pläne, das Miteinander mit anderen – all dies kann durch die Angst gestört werden.

Eine Angststörung hat das Ruder übernommen. Je nachdem, um welchen Typ der Angststörung es sich handelt, sind die Dimensionen unterschiedlich, in denen der Alltag durch Angstzustände belastet wird.

Bei einer spezifischen Phobie kann es sein, dass der Auslöser leicht zu vermeiden ist und dies auch keine gravierenden Auswirkungen auf den Alltag hat. Wer keine Spritzen sehen kann, wird im normalen Alltag kaum damit konfrontiert, schaut beim Check-up während der Blutabnahme zur Seite und wird möglicherweise kein Fan von Arzt-Serien sein.

Schwieriger wird es, wenn die spezifische Phobie als Auslöser etwas umfasst, das im Alltag häufiger auftaucht, wie etwa Hunde aus dem genannten Beispiel.

Eine **Sozialphobie** wirkt sich meist sehr gravierend auf das Leben der Betroffenen aus, denn als Gemeinschaftswesen ist das soziale Miteinander für einen Menschen von besonderer Bedeutung. Sind soziale Interaktionen aber als Angstauslöser besetzt, kann dies zu einem starken Rückzug, Vereinsamung und großen Schwierigkeiten am Arbeitsplatz, in der Familie oder in der Freizeitgestaltung führen.

Auch bei einer **Agoraphobie** oder einer **Panikstörung** sowie bei der **Generalisierten Angststörung** sind die Auswirkungen sehr stark, sodass üblicherweise mit einem immer umfassenderen Vermeidungsverhalten reagiert wird. Dies kann sogar so weit gehen, dass sich die Betroffenen nirgendwo mehr sicher fühlen, nicht einmal mehr in ihren eigenen vier Wänden oder ihrem Körper. Trotzdem wird auch hier meist der Rückzug ins eigene Heim gewählt, um die Wahrscheinlichkeit eines Angstanfalles möglichst gering zu halten und diesem, wenn er dann auftritt, zumindest nicht in aller Öffentlichkeit ausgeliefert zu sein.

Nicht selten entstehen durch das Vermeidungsverhalten auch Abhängigkeiten von beruhigenden Substanzen, wie Alkohol, anderen Genussgiften oder auch zu Menschen. Wer Angst vor einer Attacke hat, wird meist die Gesellschaft einer Vertrauensperson suchen und nicht vermeidbare Aktivitäten – den Zahnarztbesuch, den Termin beim Finanzamt, das Einkaufen – mit dieser Person zusammen nachgehen. Die Begleitperson dient zur Beruhigung und als Sicherheit – „Wenn mir etwas passiert, ist jemand da und kann im Notfall den Arzt rufen/mich retten." Dadurch wird der Kontakt zu der Begleitperson, aber auch zu anderen Menschen in bestimmte Muster gedrängt.

Um zu analysieren, ob die erlebte Angst als unbegründete oder unangemessene (und somit als krankhafte) Angst gewertet werden soll, werden üblicherweise die folgenden Fragen gestellt:

→ Ist die Angst hinsichtlich ihrer Intensität und Auswirkung in der gegebenen Situation angemessen?

→ Ist die Angst für die betreffende Person erklärbar und zu beeinflussen oder kann sie die Angst nicht beeinflussen und ist sie ihr ausgeliefert?

→ Flacht die Angst in einer normalen Zeitspanne ab, oder hält sie länger an, auch wenn der Auslöser schon längst nicht mehr präsent ist?

→ Ist die Person durch die Angst in ihrem alltäglichen Leben eingeschränkt?

→ Beeinflusst die Angst die Person bei Interaktionen mit anderen Menschen?

Um es nochmals zu verdeutlichen: Die Ängste sind dabei nicht fiktiv oder unreal. Für dich, als betroffene Person, sind sie sehr real. Und auch, wenn es nicht immer gleich zu erkennen ist: Die Ängste treten in der Regel nicht grundlos auf. Sie haben irgendwann einen Zweck gehabt. Wie jede Angst sollten sie dich schützen. Die Frage danach, wie diese Form von Ängsten entsteht, kann ebenfalls nicht für alle Menschen gleich beantwortet werden. Wie wir bereits gelernt haben, gibt es grundlegende Dispositionen, die Menschen für Angstgefühle leichter empfänglich machen.

Zudem können in der Schwangerschaft bestimmte hormonelle Voraussetzungen angelegt werden. Menschen, die während ihrer Zeit im Bauch der Mutter enormem Stress ausgesetzt waren, haben häufig eine dauerhaft erhöhte Menge an Stresshormonen im Körper und reagieren daher schneller und intensiver auf Außenreize.

Ängste können, wie wir wissen, auch erlernt werden. Haben wir beispielsweise gravierende Erfahrungen gemacht, ist es nicht selten, dass Ängste als Folge dieser Erfahrung zurückbleiben. Das kann eine schwere Krankheit sein, ein Überfall oder ein anderes traumatisches Erlebnis. Der Organismus reagiert auf diese unfassbare Bedrohung, die erlitten worden ist, mit Angst. Angst als **Coping-Mechanismus** mag für die Betroffenen zunächst vollkommen unsinnig klingen – schließlich leiden sie unter ihren Ängsten. Wie wir aber gelernt haben, dient die Angst als Warnmechanismus, als Hinweis, als Möglichkeit, den Körper in einen Zustand zu bringen, der Leid und Schaden von uns fernhält.

Dadurch, dass die Angst uns dazu bringt, körperliche Belastung zu vermeiden, scheinen wir unseren Körper – zumindest auf den ersten Blick – vor Überbelastung, Schmerzen und Unfällen zu schützen.

Weil wir nicht rausgehen können, ist die Wahrscheinlichkeit eines Überfalles geringer. Da wir bei der kleinsten Regenwolke im Haus bleiben, geraten wir nie mehr unvermittelt in ein schreckliches Gewitter.

Es ist auch möglich, dass wir bestimmte Dinge mit dem Angstgefühl verknüpfen, die eigentlich nichts damit zu tun haben. Diese Verbindungen werden meist unterbewusst gemacht, sodass wir möglicherweise selbst gar nicht verstehen, warum wir plötzlich Angst bekommen, wenn wir jemanden in einer gelben Jacke sehen oder den Geruch eines bestimmten Gemüses wahrnehmen.

Vielleicht trug aber der Fahrer des Autos, das dich letzten Sommer angefahren hat, eine gelbe Jacke. Oder als du diesen schrecklichen Anruf bekommen hast, hattest du gerade grüne Bohnen auf dem Herd. Das Gehirn speichert bestimmte Eindrücke zusammen mit dem traumatischen Erlebnis ab und besetzt sie mit Angst. Später können sie die Erinnerung hervorrufen und der Angstkreislauf wird gestartet. Du hast also nicht wirklich Angst vor grünen Bohnen oder gelben Jacken, sondern vor dem Angstkreislauf, der gestartet wird – aber du versuchst diese Dinge trotzdem zu vermeiden, da du sie als möglichen Auslöser identifiziert hast.

Natürlich führen all diese Verhaltensmuster zu einer massiven Einschränkung der Lebensqualität und auch nicht wirklich dazu, dass Ängste oder Gefahren vermieden werden können.

Das Leben geht mit verschiedensten Erlebnissen und Emotionen einher und wir Menschen müssen akzeptieren, dass alle auftreten können und wir darüber nicht wirklich die Kontrolle haben.

Unangemessene Ängste können zudem auch von anderen übernommen werden. Meist beginnt die Übernahme bereits im Kindesalter.

Wie in dem Beispiel mit der Mutter, die Angst vor Hunden hat und dem Kind, das diese Angst unbegründet übernimmt, geht es vielen von uns. Wir beobachten ein Verhalten bei unseren Liebsten, spüren deren Angst, erlernen, dass das jeweilige Objekt, die Situation oder die Person angstbesetzt sein sollte und wir passen uns an. Auch wenn wir vielleicht selbst bisher gar keine Angst verspürt und neutrale Empfindungen oder sogar positive Emotionen erlebt haben. Geraten wir dann doch einmal in eine Situation, in der uns das Tier oder die Person Angst macht, fühlen wir uns klar in unserer Angstüberzeugung bestätigt und werden noch stärkere Vorsichtsmaßnahmen einleiten.

Hier gilt es, zu schauen, was tatsächlich von dir kommt und was du von anderen übernommen haben könntest.

Das ist nicht immer ganz leicht zu erkennen, da einige Sachen auch beiläufig passieren. Etwa wenn die Mutter jedes Mal vor dem Rausgehen sagt, man solle auf sich aufpassen und sofort anrufen, wenn man bei der Spielfreundin angekommen ist, sie einen vor anderen Menschen warnt und man sich nicht allein außer Haus bewegen darf.

Einerseits ist das Verhalten der Mutter gut nachzuvollziehen. Sie kommt ihrer Aufsichtspflicht nach und sensibilisiert ihr Kind für potenzielle Gefahren. Wird dieses Verhalten aber immer wieder intensiv gezeigt, erlernt das Kind, dass es „da draußen" gefährlich ist, es nicht dazu in der Lage ist, alleine draußen zu überleben und man „den anderen" immer mit Skepsis begegnen sollte. So entstehen grundlegende Ängste, die immer wieder getriggert werden. Das hat selbstverständlich Folgen für die allgemeine Sicht des Kindes auf die Welt und die Menschen.

Die Frage danach, welche Unsicherheit wirklich von dir kommt und welche du nur übernommen hast, ist gar nicht so leicht zu beantworten, insbesondere dann, wenn du die Unsicherheit bereits im Kindesalter erworben hast. Sie wird sich tief in dir festgesetzt haben und vermutlich zu einem Teil von dir geworden sein. Trotzdem kann es hilfreich sein, sich diesen Umstand klarzumachen, um bestimmte Unsicherheiten oder Ängste besser verstehen zu können.

In diesem Punkt kann es hilfreich sein, das Gespräch mit Menschen aus dieser Lebensphase zu suchen, vor allem, wenn du dich selbst vielleicht nicht mehr richtig erinnerst.

Hilfreich ist es, dabei dann im Hinterkopf zu behalten, dass die Menschen, von denen du die Ängste übernommen hast, in den seltensten Fällen etwas Negatives mit ihren Maßnahmen bezwecken wollten. In den meisten Fällen diente ihr Angstverhalten in ihren Augen deiner Sicherheit.

Wütend auf deine Eltern zu sein, die die Angst auf dich übertragen haben, hilft dir nicht wirklich weiter. Zu versuchen, die Ängste der Eltern genauso ernst zu nehmen wie die eigenen und als unverhältnismäßig, aber dennoch sehr belastend einzustufen, kann dabei helfen, diese Form des Angsterwerbes zumindest etwas auszugleichen.

Unverhältnismäßige Ängste können auch durch erlebten Mangel entstehen. Wer als Kind wenig Liebe erfahren hat, wird sich beispielsweise als erwachsene Person mit einer steten Unsicherheit herumschlagen: „Liebt mich die andere Person wirklich? Was ist, wenn sie mich verlässt?", „Hoffentlich ist ihr nichts passiert?", „Was mache ich, wenn ich plötzlich ganz alleine bin?"

Die Angst als Coping-Mechanismus in dieser Situation soll dafür sorgen, dass kein Mangel entstehen kann und die Beziehung zu anderen „unter Kontrolle" ist.

Sie kann sich in ganz unterschiedlicher Form zeigen, präsentiert sich aber häufig in der Form, Angst vor dem Alleinsein zu haben. Der Lieblingsmensch soll immer in der Nähe und verfügbar sein, um die Angst auf einem erträglichen Level zu halten. Eine Bindungsangst kann sich ebenfalls zeigen. Die Angst, Nähe zuzulassen und enttäuscht zu werden, ist vor allem beim Aufrechterhalten von romantischen Beziehungen sehr belastend – sowohl für den Betroffenen als auch für den Partner.

Unverhältnismäßige Ängste können auch als Teil von anderen Krankheiten auftreten, sowohl bei organischen Krankheiten als auch bei psychischen Krankheiten, wie etwa bei der **Posttraumatischen Belastungsstörung**.

Bei dieser spricht man von einer sogenannten **Hypervigilanz**, also einer erhöhten Wachsamkeit. Diese führt dazu, dass die betroffenen Personen stets unter einer erhöhten Anspannung und Angst stehen und die Welt als gefährlichen Ort wahrnehmen. Eine potenzielle Bedrohung scheint immer und überall möglich, auch wenn sie rein sachlich betrachtet ausgeschlossen werden kann.

„Alles wird gut..."

Wer generell die Grundüberzeugung erworben hat (sei es in der Kindheit oder durch Erfahrungen als Erwachsener), dass die Welt ein gefährlicher Ort ist und auch die Menschen es nicht gut mit einem meinen, für den kann die Angst – aufgrund des stetigen Scannens der Umgebung nach Gefahren – ein dauerhafter Begleiter werden.

Wichtig dabei ist: Ängste, die durch ein Trauma entstanden sind, sollten unbedingt gemeinsam mit einer Fachkraft aufgearbeitet werden. Selbstverständlich kann dir dieses Buch dabei helfen, Angst besser zu verstehen und damit umzugehen. Eine professionelle Behandlung durch eine Fachkraft ist im Falle eines Traumas aber dringend angeraten! Welche Möglichkeiten dir offenstehen, erfährst du in Kapitel 6.

Wie fühlst du dich jetzt gerade? Welche Gedanken steigen in dir auf? Gib dir einen Moment Zeit und beschäftige dich dann, wenn du magst, mit den folgenden Fragen und Impulsen:

- Sind während des Lesens Ängste in dir aufgestiegen?
- Hast du dich in einigen Beispielen wiedererkannt?
- Gibt es Ängste, die du von anderen „übernommen" hast?
- Empfindest du deine Ängste als unangemessen?
- Nimmst du die Welt als gefährlichen Ort wahr?
- Wäre es dumm, keine Angst zu haben?
- Fühlst du dich durch deine Ängste eingeschränkt?
- Kannst du deine Ängste akzeptieren, oder verurteilst du dich dafür, weil sie scheinbar grundlos sind?
- Erlaubst du dir nur Ängste, die reale Ursachen haben?
- Ist der Kontakt zu anderen aufgrund von Ängsten belastet? Benutzt du andere als Sicherheitspersonen, müssen sie immer zur Verfügung stehen, hast du Angst vor dem Alleinsein?

Kapitel 3 - Krisenzeiten – von Gefühlen überwältigt

Krisenzeiten sind eine Herausforderung für jedermann, auch für Personen, die sich sonst eher nicht als leicht zu verunsichern oder ängstlich bezeichnen würden.

Sieht sich ein Mensch aber mit existenziellen Herausforderungen konfrontiert – etwa dem Verlust der Arbeit, dem Ende einer langjährigen Beziehung, einer Wirtschaftskrise, einer schweren Krankheit oder dem Weltgeschehen, dann kann sich auch bei gefestigten Personen Angst entwickeln.

Wer ohnehin eine Neigung zum Dramatisieren oder bereits im Alltag mit Ängsten zu kämpfen hat, der wird in einer Krisenzeit vor eine zusätzliche Herausforderung gestellt. Jetzt gibt es neben den täglichen Ängsten, die möglicherweise unbegründet sind, auch noch Ängste, die nachvollziehbare Gründe haben. Diese kann man nicht als krankhafte Angst oder als Symptom einer Angststörung einsortieren und dadurch zumindest logisch etwas entkräften. Stattdessen muss man akzeptieren, dass diese Angst reale Gründe hat und möglicherweise auch noch von anderen Menschen geteilt wird.

Gerade in Zeiten, in denen große Gruppen von Menschen von einer Krise betroffen sind, sei es durch eine gesundheitliche Bedrohung, ein wirtschaftliches Ungleichgewicht oder politische Streitigkeiten, erleben ängstliche Menschen eine zusätzliche Unsicherheit. Denn nun erleben sie, dass auch verlässliche Personen in ihrem Umfeld von Gefühlen überwältigt und fassungslos werden und nicht mehr unerschütterlich Rückhalt gebend sein können, wie sie es vorher waren.

Kollektive Angst kann das Unsicherheitsempfinden und auch das Gefühl der Macht- und Hoffnungslosigkeit verstärken. Es gibt keine mutigen Helden, die einen sicher aus der Krise führen. Stattdessen kann sich eine allgemeine Panikstimmung verbreiten, die sich auf den Einzelnen, aber auch auf die Gruppe niederschlägt.

Wie kannst du in einer solchen Krise mit deinen Ängsten am besten umgehen?

Wie kannst du dir selbst ein Anker sein, in Zeiten, in denen alle Sicherheiten wegzufallen drohen?

Zunächst kann es helfen, die Situation möglichst sachlich zu betrachten. Das ist zwar schwierig, wenn allgemein ein hohes Angstniveau herrscht, aber versuche das Ganze einmal nüchtern von außen zu betrachten: Was macht die Situation bedrohlich? Welche Gefahren sind vorhanden?

Diese Bestandsaufnahme kann dir schwerfallen und auf den ersten Blick kontraproduktiv wirken, weil dein Angstlevel vielleicht noch ansteigt, wenn du dir klar machst, welche Gefahren die Krise mit sich bringt. Sie bietet dir aber auch die Chance, zu unterscheiden, was möglich und wahrscheinlich ist und was zwar möglich, aber unwahrscheinlich ist.

Musst du eine schwere Trennung erleben, ist es möglich, dass du starke Trauer empfinden wirst und es ist auch sehr wahrscheinlich. Dass du nie wieder einen Menschen finden kannst, den du lieben wirst, ist möglich, aber unwahrscheinlich.

Wird das Land, in dem du lebst, von einer Finanzkrise geschwächt, ist es möglich, dass du finanzielle Einbußen erleben wirst und es ist wahrscheinlich. Möglich, aber sehr unwahrscheinlich ist jedoch die Befürchtung, dass du im Armenhaus enden wirst.

Muss dir ein Weisheitszahn gezogen werden, ist es möglich und wahrscheinlich, dass ein paar unangenehme Tage mit Schmerzen auf dich zukommen werden. Dass du eine halbseitige Gesichtslähmung bekommst oder andere gesundheitliche Worst-Case-Szenarien eintreten, ist möglich, aber unwahrscheinlich.

Durch diesen Abgleich – was ist möglich, was ist wahrscheinlich – milderst du dramatisierende Gedanken und Horror-Szenarien. Dadurch verlierst du dich nicht in etwas, das vermutlich gar nicht stattfinden wird und du kannst dich auf die Dinge konzentrieren, um die du dich wirklich kümmern solltest.

Ausstieg aus dem Panik-Karussell

Wenn du versuchst, angesichts einer kollektiven Krise aus dem Panik-Karussell auszusteigen, überlege dir, welche Möglichkeiten du hast, um dich zu schützen.

Du wirst sicher erleben, dass die Reaktionen auf eine Krise unterschiedlich sind. Manche Menschen neigen schon bei kleinen Ereignissen zu „Dramen". Dies wird u. a. damit erklärt, dass Personen, die in ihrer Kindheit einem ständigen Wechsel aus Stress und angenehmen Emotionen ausgesetzt waren, diesen Wechsel auch als Erwachsene kreieren, weil die Emotionen für sie aneinandergekoppelt sind. Sie brauchen das Drama, um auch positive Emotionen erleben zu können. Schwierig wird es, wenn diese Personen Dramen kreieren oder an dich herantragen, du dies aber gar nicht möchtest. Bist du aufgrund von Ängsten empfänglich für den Stress, die Aufregung anderer, kann dich dieses Drama mitreißen, umwerfen und überrennen. Du bleibst erschöpft zurück, während die andere Person bester Dinge weiterzieht. Dramen werden sowohl unterbewusst als auch bewusst eingesetzt, um ein Zusammengehörigkeitsgefühl zu kreieren („Wir gegen den Feind"), um andere Menschen auszugrenzen oder um eigene Interessen durchzusetzen.

Du bist diesem Verhalten aber nicht schutzlos ausgeliefert. Es gibt Möglichkeiten für dich, aus dem Drama auszusteigen: Du kannst hinterfragen, was die Menschen sagen. Unterziehe deren Aussagen einem Reality-Check. Erlebst du, dass Personen dich mehrfach in ihr Drama hineinziehen möchten, formuliere klar, dass du an dieser Form von Gespräch nicht interessiert bist.

Spreche andere Themen an. Wird diese Grenze ignoriert, kann es helfen, sich von dem Menschen zurückzuziehen, bis die Krise abflaut.

Du hast es in der Hand, mit wem du dich umgibst und welche Inhalte du dir zuführst. Bist du selektiv und wohlüberlegt in deinem Konsum von Medien und Informationen, dann hältst du Dramen von dir fern. So ist es auch bedeutend leichter, sich nicht von einer Massenhysterie anstecken zu lassen und ruhig und besonnen zu bleiben.

Drama pur – wer profitiert von meiner Angst?

Kritische Zeiten werden dir nicht nur von Menschen mit Hang zum Drama erschwert. Es können sich dir in diesen Zeiten auch andere Herausforderungen präsentieren.

Fake-News, also absichtlich falsch gestreute Nachrichten, können die Angst der Bevölkerung in Krisenzeiten zusätzlich verstärken. Insbesondere heutzutage verbreiten sich Verschwörungstheorien durch die Nutzung von Messengern und Internetplattformen blitzschnell. Problematisch an diesen Theorien ist, dass, selbst wenn sie nüchtern betrachtet vollkommen dubios wirken, sie doch das Stressniveau ansteigen lassen können – schließlich bleibt in Zeiten der Unsicherheit immer die kleine nagende Frage „Und was ist, wenn es doch stimmt?"

Menschen sind Herdentiere und obwohl wir normalerweise sehr individualistisch geprägt sind, lassen wir uns leicht von Massenhysterien anstecken. Wenn alle um uns herum damit beginnen, Panikeinkäufe zu tätigen und Lebensmittel zu bevorraten, als gäbe es kein Morgen, dann macht das etwas mit uns.

Vielleicht grinsen wir am Anfang noch darüber. Aber dann gehen wir in den Supermarkt und sehen die leeren Regale. Wir bekommen die Lebensmittel nicht mehr, die wir brauchen. Ein Gefühl von Mangel und von realer Bedrohung steigt in uns auf. Und wenn dann eine Ladung mit den ersehnten Waren in unserem Markt eintrifft, passiert etwas für uns Unerwartetes: Wir greifen plötzlich auch mehrfach zu und gehen lieber „auf Nummer sicher" – und schon sind wir in der Dynamik gefangen. Wir haben eine zusätzliche Angst entwickelt, die vorher gar nicht da war. Eigentlich reagieren wir nur auf eine selbstgemachte Bedrohung, aber die Gefühle sind ebenso real, wie die, die durch die eigentliche Bedrohung entstehen.

Aber warum sind wir für solche Abläufe so empfänglich?

Manche Medien arbeiten absichtlich mit reißerischen Titeln, um Emotionen zu wecken. Emotionen sorgen dafür, dass das Interesse des Kunden geweckt wird. Die Aufmerksamkeit wandert wie von selbst zu denen, die am lautesten schreien. Dabei ist es egal, ob es sich um ein Clickbait, also einen Social-Media-Köder, bei einem Video oder um eine abstruse Verschwörungstheorie in der Artikel-Überschrift handelt. Wir Menschen wünschen uns Sicherheit und wer uns diese allem Anschein nach ermöglicht, kann gut verkaufen.

In den sozialen Netzwerken treiben sogenannte *Trolle* nicht selten ihr Unwesen. Das sind Nutzer, die absichtlich Unruhe verbreiten und für schlechte Stimmung sorgen. Aber auch Personen, die sehr auf die Aufmerksamkeit ihrer Follower angewiesen sind, lassen sich teilweise zu sehr drastischen Äußerungen hinreißen. Frei nach dem Motto „Bad news are good news!" wird mit drastischen Schlagworten gearbeitet, um die hart umkämpfte Aufmerksamkeit der Nutzer zu gewinnen.

Diese stete Informationsvermittlung, die sehr ungefiltert und ungeprüft stattfindet, hat natürlich Auswirkungen auf uns. Die Bilder und Emotionen, die beim Konsumieren dieser Inhalte in uns entstehen, hinterlassen Spuren. Sie schaffen Unsicherheiten, die wir dann wieder beruhigen wollen; beispielsweise, indem wir uns noch mehr informieren, um vermeintliche Sicherheit zu erzeugen.

Ein Teufelskreis entsteht, der zu einer dauerhaften Übererregung und Angespanntheit führt.

Trotzdem kennen viele von uns die Sucht-Wirkung, die die sozialen Netzwerke und News-Seiten auf uns haben können. Wir haben Angst, etwas zu verpassen, und nehmen dabei die Angst in Kauf, die sich in uns entwickelt, weil sie auf den ersten Blick nicht immer erkennbar ist.

Schwere Prüfung für „Kontroll-Freaks" – das Loslassen

In nationalen oder auch globalen Krisenzeiten ist es besonders schwer, zu akzeptieren, dass wir nicht alles kontrollieren können.

Insbesondere für Menschen mit Ängsten ist das Gefühl, die Kontrolle aufzugeben, mit erheblichen Herausforderungen verbunden. Unsicherheiten führen meist zu noch mehr Anspannung, einem erhöhten Stresslevel, schnelleren Überreaktionen und einem Minimum an Entspannung.

Ganz wichtig ist dann, sich ehrlich und möglichst realistisch mit der Situation auseinanderzusetzen.

Dabei ist es hilfreich, zu ermitteln, welche Kontrolle man hat. Zieht eine heftige Grippewelle über das Land, kannst du entsprechende Hygienemaßnahmen einhalten und den Kontakt zu anderen Menschen meiden. Du kannst dein Immunsystem stärken, indem du dich gesund ernährst, dich ausreichend bewegst und versuchst, dich so gut es geht zu entspannen.

Schaffst du es dann, auch noch zu akzeptieren, was nicht kontrollierbar ist – etwa das Verhalten deiner Mitmenschen, die Art und Weise, wie sich die Krankheit überträgt, die Dauer, die diese Welle hat – dann kannst du dein Stresslevel unten halten. Das wirkt sich positiv auf deine Stimmung und dein Immunsystem aus.

Wenn du merkst, dass du bei der Auseinandersetzung mit dem Thema die Nerven verlierst, mache eine Pause. Gib dir genügend Zeit und erlaube dir deine Bedenken. Verliere dich aber nicht in ihnen, sondern sieh sie als Zeichen deiner Aufregung an. Versuche, deine Gedanken zu beobachten, wenn es dir nicht gelingt, dich auf dein eigentliches Thema zu konzentrieren.

Bitte sei nachsichtig mit dir und bewerte dich nicht. Gedanken wie „Na toll! Ich soll mich doch nicht aufregen. Jetzt schade ich auch noch meinem Immunsystem und dann eliminiert es mich!" sind wenig förderlich. Habe Mitgefühl mit dir und führe dich immer wieder liebevoll und bestimmt aus dem Kontroll- und Bewertungsverhalten heraus. Auch wenn du nicht dieser (oder keiner) Glaubensrichtung angehörst, kennst du vielleicht das Gelassenheitsgebet von Reinhold Niemuhr, einem amerikanischen Theologen.

Die gängige Übersetzung des Gebetes ins Deutsche lautet folgendermaßen:

> „Gott, gib mir die Gelassenheit, Dinge hinzunehmen,
> die ich nicht ändern kann,
> den Mut, Dinge zu ändern, die ich ändern kann,
> und die Weisheit, das eine vom anderen
> zu unterscheiden."

Diese Zeilen sind eine wunderbare Erinnerung daran, dass eine Unterscheidung der Dinge, in kontrollierbare und unkontrollierbare, bereits große Erleichterung bringen kann, aber auch Weisheit verlangt. Gestatte dir einen Lernprozess und verurteile dich nicht für Fehler.

Globale Krisen sind eine mentale Herausforderung für jedermann. Personen, die ohnehin durch Ängste belastet sind, erleben meist eine doppelte Belastung und sollten besonders gut für sich sorgen. Hilfreich ist es, zuerst immer bei sich zu schauen: Wenn ich die Situation nicht ändern kann, was kann ich dann tun, damit es mir so gut wie möglich geht? Wie kann ich mit der Krise umgehen? Welche Möglichkeiten habe ich?

Neue Wege, neue Möglichkeiten

Eine Krise ist mit Einschränkungen und unangenehmen Gefühlen verbunden. Das steht außer Frage. Die Möglichkeiten einer kollektiven Krisenzeit sollten aber auch nicht aus den Augen verloren werden. Natürlich zeigen einige schwarze Schafe in einer solchen Zeit ihr wahres Gesicht und entpuppen sich als egoistisch und nur auf ihren Vorteil bedacht.

Auf der anderen Seite aber zeigt sich die Verbundenheit der Menschen, die Hilfsbereitschaft, die Nächstenliebe. Der Willen, die Sache, von der alle betroffen sind, gemeinsam durchzustehen, kann das Gemeinschaftsgefühl stärken, ungeahnte Kräfte wecken und Dinge ermöglichen.

Scheint das bisherige Leben auf den Kopf gestellt, entsteht ein Mangel und wir Menschen werden kreativ. Plötzlich werden Sachen möglich, die vorher undenkbar waren. Es gibt Hilfe und Verständnis für Leute in Not.

Vielleicht entstehen Online-Angebote für Leute, die aufgrund ihrer Einschränkungen nicht immer die Möglichkeit haben, sich außer Haus zu bewegen. Vielleicht entwickelt sich eine Nachbarschaftshilfe. Vielleicht gibt es finanzielle Erleichterungen für Betroffene.

Da jeder Ängste verspürt, ist es für Menschen ohne chronische Angst oder andere Angststörungen leichter, sich in die Gefühlswelt von Betroffenen hineinzuversetzen. Es kann leichter gelingen, ins Gespräch zu kommen und sich mitzuteilen.

Teilweise haben Personen mit Ängsten hier sogar einen kleinen Vorteil, da sie Einschränkungen in ihrem Leben und den Umgang damit schon kennen. Sie sind Angst gewöhnt und können anderen helfen, besser mit dieser umzugehen. Dadurch sind sie nicht mehr in einer Außenseiter-Position, sondern nehmen plötzlich die Rolle eines Experten ein. Sie werden gehört und anerkannt. Das ist ein Umstand, der Angstpatienten, die im Alltag aufgrund der Scham und des Vermeidungsverhaltens quasi non-existent sind, eine ganz ungewöhnliche Erfahrung bietet und mitunter ein echter Motivationskick ist.

So schlimm eine Krise auch sein mag – schaue, ob sich neue Wege für dich eröffnen. Überlege, ob du anderen eine Stütze sein kannst, eben genau weil du weißt, wie massiv sich Angst auf das Leben auswirken kann. Erlaube dir, Hilfsangebote zu nutzen und bleibe offen für das, was sich in dieser schweren Zeit möglicherweise zum Guten entwickelt.

Folgende Fragen können dir helfen, die Inhalte aus diesem Kapitel noch etwas zu vertiefen:

- Macht es mir Angst, wenn meine Vertrauensperson Angst oder Verunsicherung äußert?
- Lasse ich mich leicht von der Angst anderer anstecken?
- Bin ich anfällig für Clickbaits und reißerische Berichterstattungen?
- Verliere ich mich leicht in dramatisierenden Gedanken? Kann ich realistisch einschätzen, was möglich und wahrscheinlich und was möglich und unwahrscheinlich ist?
- Habe ich Menschen in meinem Umfeld, die zu Dramen neigen oder verbreite ich selbst gerne Dramen? Warum? Was würde mir ohne Drama fehlen?

- Wie würde mein Leben und mein Angstniveau ohne Drama aussehen?
- Gibt es etwas, dass ich in einer Krise für andere tun kann?
- Kann ich versuchen, die Idee von vermeintlicher Kontrolle aufzugeben? Was würde dadurch leichter werden?

Kapitel 4 - Stell dich deinen Ängsten

„Blicke der Angst ins Auge und du siehst sie schrumpfen."
„Wenn du Angst vor dem Drachen hast, dann füttere ihn nicht."
„Angst vor der Angst ist schlimmer als die Angst selbst."
„Angst verleiht Flügel."

Es gibt viele Zitate und Aussagen rund um das Thema Angst; insbesondere, wenn es darum geht, die Angst zu vermeiden, oder sich ihr zu stellen.

Warum soll dies aber so wichtig bei Angst sein? Ist es nicht logisch, dass du genau das meidest, was dir ungute Gefühle bereitet? Es würde doch auch niemand versuchen, etwas zu essen, was ihn furchtbar ekelt oder absichtlich Zeit mit Menschen zu verbringen, die er nicht leiden kann, oder?

Diese Gedanken sind gut nachvollziehbar. Leider spielt das Vermeidungsverhalten bei der Entwicklung und Chronifizierung von Ängsten eine nicht zu unterschätzende Rolle.

Vermeidungsverhalten bei Ängsten

Was genau ist das Vermeidungsverhalten, das sich oft bei Angstpatienten einstellt?

Damit ist gemeint, dass die Betroffenen ihren Angstauslösern ausweichen.

Bei einer **Sozialangst** kann sich das so ausdrücken, dass die Person es vermeidet, auf Partys zu gehen, Feste und Märkte zu besuchen oder im Restaurant das Essen zu bestellen. Alle Aktivitäten, die die Aufmerksamkeit der Mitmenschen auf die betroffene Person ziehen könnten, werden unterlassen. Sie werden an Begleitpersonen übergeben. Diese fragen nach der richtigen Größe beim Schuhkauf, geben eine Bestellung auf oder nehmen Telefongespräche entgegen. Auch das Gespräch mit der Kassiererin im Supermarkt oder der Small-Talk mit dem Nachbarn können in diesen Bereich fallen. Gibt es keine Möglichkeit, diese Dinge von anderen erledigen zu lassen, werden sie aufgeschoben. Sie werden „vergessen", man hat „keine Zeit", „keine Lust" oder findet einen anderen wichtigen Grund, warum es jetzt gerade nicht passt.

Das bedeutet nicht, dass die Betroffenen keine Lust auf die anderen Personen haben. Viele sehnen sich nach Kommunikation und Austausch. Aber die Angst ist einfach zu groß.

Jemand, der seine erste Panikattacke in einer vollbesetzten Bahn hat, wird vielleicht versuchen, nur noch zu Uhrzeiten unterwegs zu sein, in der die Bahn nicht gefüllt ist. Möglicherweise war die Angsterfahrung aber auch so stark, dass er das Fahren mit der Bahn generell meidet und andere Wege der Fortbewegung bevorzugt. Erlebt derjenige dann aber auch im eigenen Auto eine Angsterfahrung, vermeidet er vielleicht Fahrzeuge generell und hält sich nur noch in einem Bewegungsradius auf, den er zu Fuß bewältigen kann.

Somit schränkt das Vermeidungsverhalten die Handlungsoptionen der Betroffenen immer weiter ein. Das Paradoxe daran ist, dass das Vermeidungsverhalten zunächst angewandt wird, um Gefahren von vornherein aus dem Weg zu gehen und den Betroffenen zu schützen. Es handelt sich also um einen Coping-Mechanismus, der die Person kurzfristig vor unangenehmen Erlebnissen bewahrt. Für den Betroffenen scheint der Nutzen zunächst klar zu überwiegen: Steigt er nicht in die Bahn, kann er dort keine Panik bekommen. Die Angst setzt nicht ein.

Die Bewältigung der Situation scheint erfolgreich gewesen zu sein.

Forscher unterscheiden das Vermeidungsverhalten jedoch klar von einem sinnvollen **Sicherheitsverhalten**.

Das Sicherheitsverhalten wird in einer Gefahrensituation angewandt, während das Vermeidungsverhalten vorab genutzt wird, um eine potenzielle Gefahrensituation zu vermeiden. Ob die Gefahr wirklich vorhanden ist oder nur befürchtet wird, ist hierbei für die Person egal. Sie geht von der erlebten Situation aus, die zu diesem Verhalten geführt hat.

Dadurch verhindert der Betroffene zwar ein erneutes Eintreten der Situation, wie etwa die Angstattacke in einer vollen Bahn oder die Unsicherheit beim Gespräch mit der Kassiererin, aber er kann auch nicht erleben, dass diese Aktivitäten auch ohne Angst einhergehen können. Neue Erlebnisse und Erfahrungen werden so verhindert. Es kann nicht zum Umlernen einer Situation kommen. Stattdessen wird die Situation oder Tätigkeit durch das permanente Vermeiden emotional aufgeladen. Der Betroffene hat die Aktivität nur noch angstbesetzt in Erinnerung und fürchtet eine Wiederholung dieser Erfahrung, sodass er noch mehr daran setzt, diese zu vermeiden.

Dadurch kommt es zu einer Selbstverstärkung des Vermeidungsverhaltens. Diese begünstigt eine sogenannte **Pathologisierung** von Angst, also eine krankhafte Form der Angst.

Dem Betroffenen reicht allein schon die Erinnerung an die Situation aus, um Angst zu fühlen und diese durch eine Vermeidung gering zu halten. Da die Angstreize so immer schneller auftreten und das Vermeidungsverhalten immer mehr auf andere Bereiche ausgeweitet wird, verkleinert sich der Handlungsspielraum der Betroffenen meist sehr schnell um ein Vielfaches. Dies kann dazu führen, dass Personen mit Sozialangst gar keinen Kontakt mehr zu anderen außerhalb ihrer Vertrauenspersonen unterhalten können oder Menschen mit Agoraphobie die Wohnung, teilweise sogar nicht mal mehr ein bestimmtes Zimmer verlassen. Sie sind sowohl mobil als auch mental durch das erlernte Vermeidungsverhalten extrem stark eingeschränkt worden. Die Angst konnte sich generalisieren.

Das klassische Vermeidungsverhalten wird jedoch auch von anderen Vermeidungs- oder Ausweichstrategien beeinflusst. Ausprägungen können u. a. darin bestehen, dass Ängste vor sich selbst und vor anderen verleugnet oder aktiv bagatellisiert werden. Das Erlebte und das Kommunizierte passen hier dann nicht überein, was zu Spannungen führen kann. Zudem ist das konstante Unterdrücken von Gefühlen sehr anstrengend für Geist und Körper. Meist werden neben der Angst irgendwann auch andere Gefühle mit unterdrückt und das Spannungslevel steigt.

Es ist zwar möglich, Ängste für eine gewisse Weile zu ignorieren, aber oft kommen sie – wie andere Gefühle auch – doch irgendwann an die Oberfläche. Sie dann zu erkennen und zuzuordnen kann schwer sein, denn nicht immer präsentieren sie sich klar erkennbar als Angst. Hast du deine Angst vor Gewitter tief in dir vergraben, weil es doch kindisch ist, kann es sein, dass du irgendwann bei einem Sturm in Tränen ausbrichst. Oder du wirst gereizt und ungehalten, wenn du merkst, dass ein Gewitter aufzieht. Trauer oder Wut können dann ein Anzeichen für die unterdrückte Angst sein.

Was bedeutet es, sich seinen Ängsten zu stellen?

Sich seinen Ängsten zu stellen, ist nicht nur der häufigste Rat, den man erhält, wenn man mit Menschen aus dem Umfeld spricht. Auch in der Psychotherapie hat sich diese Methode für viele Personen als sinnvoll erwiesen.

„Den Stier bei den Hörnern packen", „Dem Sturm ins Auge blicken", „Einfach rein und mitten durch" – und danach ist alles besser. So präsentiert der Volksmund die Situation. Aber ist das wirklich so? Warum sollten sich Betroffene genau dem aussetzen, was sie quält, was ihnen so viel Angst macht? Ist das sinnvoll? Und funktioniert es für jeden?

Psychologen nennen dieses Verfahren **Konfrontationstherapie**. Es handelt sich um ein sogenanntes *Interventionsverfahren*, das in der Verhaltenstherapie eingesetzt wird.

Die Betroffenen setzen sich gezielt dem angstbesetzten Reiz aus, sie konfrontieren sich mit ihm. Die Idee hinter der Methode besteht darin, dass die Betroffenen die Angst unbewusst erlernt haben. Somit können sie diese mit dem Prinzip der Gewöhnung auch wieder verlernen beziehungsweise neue Wege im Umgang mit dem Reiz erkennen.

Laut den Vertretern dieser Behandlungsform nimmt die Angst bei dem Betroffenen ab, wenn er sich ihr konsequent und regelmäßig stellt.

Diese Behandlungsform wird vor allem bei spezifischen Ängsten, also Phobien angewandt, aber sie kommt auch bei der Behandlung von anderen Ängsten zum Einsatz.

In der Praxis werden zwei Methoden angewandt:

Die **Desensibilisierung** und das **Flooding** (auch **Fluten**).

Bei der **Desensibilisierung** erfolgt die Gewöhnung an den angstbesetzten Reiz Schritt für Schritt. Zunächst stellt sich der Betroffene den Reiz nur vor, dann schaut er ein Bild oder eine Videoaufnahme an, bis er sich (zunächst in Begleitung einer Vertrauensperson, später alleine) dem Reiz aussetzt. Die Belastungsgrenze wird dabei immer weiter erhöht. Die systematische Desensibilisierung hat ihre Anfänge in den 1960ern, als der Psychiater Joseph Wolpe das Verfahren als Behandlungsmethode für an Angststörungen erkrankten Patienten vorstellte. Seine Ursprünge hat diese Art der Behandlung in der Lerntheorie. Ging Wolpe noch davon aus, dass angstdämpfende Methoden der Entspannung als Unterstützung unablässig wären, wird heute auch ohne diesen Zusatz gearbeitet. Wichtig ist, dass die Betroffenen der angstauslösenden Situation ohne starke Angstreaktion begegnen können.

Wolpes Ziel bei dieser Methode der Verhaltenstherapie war die angstfreie Bewältigung des Angstreizes. Somit würde die Verbindung zwischen dem Auslöser und der Angst als Reaktion geschwächt. Als Entspannungsverfahren wurde die **Progressive Muskelentspannung** gewählt, aber auch andere Methoden, wie **Biofeedback** oder **Autogenes Training**, werden genutzt.

Üblich ist das Arbeiten mit einer sogenannten *Angsthierarchie*.

Wenn du also beispielsweise Angst vor Hunden hast, kannst du innerlich oder schriftlich eine kleine Hierarchie von 1 bis 6 oder von 1 bis 10 erstellen. Dabei steht die 1 für eine Situation, in der du nur leicht Angst verspürst, etwa, wenn du dir einen Hund in der Ferne vorstellst. Bemerkst du, dass dein Angstlevel steigt, wenn du dir vorstellst, wie er auf dich zugeht, ist dies vielleicht eine 3; eine 7 wäre ein echter Hund auf der anderen Straßenseite, 10 wäre der körperliche Kontakt mit dem Tier.

Die jeweils folgende Stufe wird erst geübt, wenn sich der Betroffene in der Situation der vorherigen Stufe sicher fühlt. Gearbeitet werden kann hier mit der Vorstellung, mit Bildern, Videoaufnahmen, Geräuschen und realen Expositionen.

Der Betroffene kann bei dem Verfahren an seine individuelle Belastungsgrenze gehen. Er muss in seinem eigenen Ermessungsspielraum entscheiden, wann ihm die Empfindungen zu viel werden. Es sollte aber mit der Bereitschaft gearbeitet werden, die Ängste entstehen und aufkommen zu lassen. Der Lerneffekt der Übung tritt nur dann ein, wenn die Angst auftaucht, sich aber nicht einstellt, was befürchtet wird.

Bei den meisten Menschen dreht sich die Angst weniger um den Angst auslösenden Reiz, sondern um einen Kontrollverlust. Sie haben Angst, den Verstand oder ihr Gesicht zu verlieren oder zu sterben. Schaffen sie es immer wieder, die Situation zu durchleben, ohne dass eine der befürchteten Schreckensszenarien eintritt, dann kann die Angst abebben. Es wird eine neue Lernerfahrung gemacht: Das, was ich erlebe, mag nicht angenehm sein – aber es ist nicht so bedrohlich, wie ich es empfinde. Und es geht vorbei.

Durch dieses Bewusstsein ist es oftmals möglich, viel eher aus dem Angstkreislauf auszusteigen und die körperlichen Reaktionen nicht noch zusätzlich durch Angstgedanken zu fördern.

Diese Methode wird nicht nur in therapeutischen Umgebungen, sondern auch in der Selbsthilfe gerne genutzt, da sie für die Betroffenen eine weniger große Überwindung erfordert als beispielsweise das Fluten. Das Erregungsniveau bleibt immer auf einem Niveau, mit dem man umgehen kann, und die Anwender haben das Gefühl von Selbstwirksamkeit und Entscheidungsfreiheit.

Beim **Flooding** (oder **Fluten**) setzt sich der Betroffene einer gezielten Reizüberflutung aus. Anders als bei dem gestuften Verfahren findet hier also keine schrittweise Gewöhnung statt, sondern es wird gezielt mit dem Worst-Case-Szenario gearbeitet. Diese Methode sollte, da sie sowohl für den Geist als auch für den Körper sehr herausfordernd ist, immer in Begleitung einer Fachkraft stattfinden. Diese kann der Person helfen, mit dieser Erfahrung konstruktiv umzugehen und sie im Bedarfsfall aufzufangen.

Beim Flooding wird der Mensch massiv seiner Angst ausgesetzt, weshalb die Methode eine gewisse emotionale und körperliche Stabilität voraussetzt. Der Betroffene soll lernen, mit seiner Panik in den angstbesetzten Situationen umzugehen. Ferner erfährt er, dass die erwarteten Schreckensszenarien nicht eintreten.

Für viele Menschen kann diese Form der Verhaltenstherapie einen klaren Durchbruch darstellen. Wenn sie realisieren, dass sie ihre Angst vor dem Tod nicht umbringt, verliert sie für viele zumindest teilweise ihren Schrecken. Die Angstpatienten sind bereit, sich wieder vermehrt angstbesetzten Situationen auszusetzen. Dadurch wird das Vermeidungsverhalten abgebaut und der Handlungsradius erweitert sich wieder.

Was ist nun aber mit Menschen, die keine spezifische Phobie haben? Wer keine Angst vor Schlangen, Hunden oder großen Höhen hat, kann Techniken, wie die **gestufte Desensibilisierung** oder das *Flooding*, trotzdem anwenden, um die Angst vor der Angst zu verlieren und wieder Vertrauen in den eigenen Körper und Geist aufzubauen.

Sich der Angst stellen – alleine oder mit (professioneller) Unterstützung?

Die Frage, ob man sich seiner Angst alleine oder mit (professioneller) Unterstützung stellen sollte, ist nicht einfach zu beantworten. Die Entscheidung sollte von der Wahl der Methode, der Schwere der Einschränkung und der erlebten körperlichen und mentalen Belastung abhängig gemacht werden. Ideal ist eine Kombination aus alleinigem Training und einer Begleitung durch eine geschulte Fachkraft.

Herausfordernde Verfahren, wie das *Fluten*, sollten (wie erwähnt) immer im Beisein einer Fachkraft praktiziert werden.

Die **gestufte Desensibilisierung** eignet sich aber gut für das eigenständige Arbeiten.

Wichtig für Personen mit Ängsten ist nämlich, dass sie wieder Vertrauen in sich selbst bekommen. Zwar ist die therapeutische Begleitung sinnvoll, etwa um die Methoden kennenzulernen, sich über die Ziele und das Vorgehen klar zu werden und hilfreiches Feedback zu bekommen, aber es darf auch nicht darauf hinauslaufen, dass die Konfrontation mit der Angst nur in Begleitung erfolgt.

Sonst bleibt die betroffene Person von anderen abhängig und muss sich, statt des Therapeuten, in der Freizeit eine andere Begleitung, etwa den Partner, oder andere Hilfsmittel besorgen. Zu Beginn ist dies vollkommen in Ordnung. Das Ziel sollte jedoch sein, seinen Radius zu erweitern, ohne sich abzusichern durch eine andere Person, ein Medikament oder das Handy in der Hand, mit dem man im Notfall schnell Hilfe rufen könnte.

Hier sind auch die Menschen in deiner Umgebung gefragt. Es geschieht leicht, dass sich eine ungesunde Beziehungsdynamik einschleicht und du in einer hilflosen Position verbleibst, weil du auch durch andere dazu ermuntert wirst.

Die meisten Menschen meinen es sicher sehr gut mit dir, wenn sie dir helfen wollen – aber schaue auch mal, wer vielleicht indirekt oder direkt davon profitiert, wenn du in deiner Angst bleibst: Bist du dadurch leichter zu steuern? Kannst du in einem Abhängigkeitsverhältnis gehalten werden? Hat jemand anderes dadurch mehr Macht über dich und kann über deinen Kopf hinweg entscheiden?

Solch ein Verhalten muss nicht einmal aus bösem Willen sein, es kann schleichend entstehen. Achte aber gut auf dich. Nur weil dir jemand hilft und dich unterstützt, bist du ihm nicht verpflichtet. Die Hilfe erfolgt auf freiwilliger Basis und du musst nichts zurückzahlen oder dir bestimmte Sachen gefallen lassen, weil du ja abhängig bist oder ähnliches.

Als Mensch mit Ängsten ist der Gedanke, mit den angstbesetzten Situationen alleine dazustehen zwar unheimlich schlimm – aber überlege dir, ob die Sicherheit, die du dadurch vermeintlich gewinnst, es wert ist, dass du dich schlecht behandeln lässt. Auch als Mensch mit Ängsten bist du wertvoll, verdienst Respekt und ein Miteinander auf Augenhöhe. Wer beginnt, dich wie ein Kind zu behandeln, über dich hinweg zu entscheiden, dich zu bevormunden und dir nur unter der Bedingung weiterhilft, wenn du gehorchst – auf den kannst du dankend verzichten!

Diese Beziehung wird dein Selbstvertrauen nämlich keineswegs stärken. Zudem ist es genau das, was im Mittelpunkt deiner Angstkonfrontation stehen sollte.

Der österreichische Psychotherapeut und Autor Hans Morschitzky wirft die Frage auf, womit sich der Angstpatient während der Konfrontation eigentlich auseinandersetzt. In den seltensten Fällen ist wirklich die Angst vor dem Hund, dem engen Raum oder der Höhe das alleinige Problem.

Sich den eigenen Gefühlen so unausweichlich gegenübergestellt zu sehen, sich (gefühlt) anderen Menschen „auszuliefern" und in all der eigenen Verletzlichkeit zu präsentieren, das Erleben von Kontrollverlust und das Aushalten von unangenehmen Körperempfindungen sind nur einige der Punkte, die Morschitzky aufzählt.

Dadurch wird klar, dass die Konfrontation immer mit dir selbst stattfindet und dass dir Personen von außen eine gute Hilfestellung geben können, du jedoch die eigentliche Arbeit, die Auseinandersetzung, selbst vollbringen musst. Es gibt also auch keine Abkürzung, wenn du mit einer anderen Person zusammenarbeitest.

Sicher kann dir eine Person an deiner Seite dabei helfen, dein Selbstvertrauen zurückzugewinnen. Insbesondere, wenn du in deinen Fundamenten sehr erschüttert bist, ist es zu Beginn einfacher, eine zweite Meinung zu hören und Beruhigung und Bestätigung von außen zu erfahren.

Dies setzt voraus, dass sich die begleitende Person ihrer Verantwortung bewusst ist und es dir ermöglicht, eine vertrauensvolle Beziehung aufzubauen. Zudem sollte sie daran interessiert sein, dich zu begleiten, aber nicht in einer bedürftigen Position zu halten. Stattdessen sollte sie deine positive Entwicklung fördern und bekräftigen. Sie darf deine Situation nicht ausnutzen und dich nicht in einem Abhängigkeitsverhältnis halten. Wenn du mit starken Ängsten kämpfst, ist es nur natürlich, dass du auch Hilfe im Außen suchst. Achte aber bitte sehr gut auf dich und wähle genau aus, wen du mit der Aufgabe betraust. Kläre zudem vorab, ob die Person dieser Aufgabe überhaupt gewachsen und auch bereit dazu ist.

Bei einer Fachkraft solltest du auch genau hinschauen, aber vor allem im privaten Rahmen solltest du achtsam mit dir und den anderen sein. Anders als die Fachkraft, hat sich die Person diese Aufgabe nicht ausgesucht und sie ist auch nicht entsprechend geschult. Wenn du einen Verbündeten hast, der dich unterstützen möchte, informiert euch gemeinsam. So kann die andere Person darauf achten, sich oder dich nicht zu überfordern oder versehentlich andere Dinge zu tun oder zu sagen, die eurem gemeinsamen Ziel abträglich sind.

Wenn du schon länger unter Ängsten leidest, wirst du vielleicht auch erlebt haben, dass deine Umwelt genervt davon ist, dass du bestimmte Dinge nicht tun kannst oder Ängste erlebst. Oder eine Beziehung verändert sich aufgrund der Position, in der die begleitende Person gebracht wird. Wird dein Mann oder deine Mutter von dir zum Therapeuten gemacht, erlauben sie sich möglicherweise ein Verhalten bei dir, das sie sich vorher nicht erlaubt hätten. Behalte dies im Hinterkopf, ebenso wie die Tatsache, dass solche Dinge nicht immer absichtlich passieren, sondern auch die anderen überfordert sein können. Hast du eine Person gefunden, mit der du gut Fortschritte machst, nimm ihre Hilfe nur so lange in Anspruch, wie es auch wirklich nötig ist – auch wenn es anders bequemer und weniger anstrengend ist.

Wichtig ist nämlich, dass du durch deine körperliche und mentale Auseinandersetzung mit deinem Erleben in den angstbesetzten Situationen wieder lernst, dass du auf dich und deinen Körper vertrauen kannst – ganz ohne Hilfe von außen! Das Erleben dieser Selbstwirksamkeit wird dir auch in herausfordernden Situationen eine ganz neue Kraft geben.

Chancen und Grenzen der Konfrontationstherapie

Die *Expositionstherapie* bietet vielen Menschen eine gute Chance, wieder besser mit Angstreizen umzugehen und ihr Vermeidungsverhalten zu korrigieren.

Wenn sie bei dir nicht geklappt hat, bedeutet das allerdings keinesfalls, dass du dich nicht genügend angestrengt hast oder dass du an deiner Krankheit festhalten willst.

Die Konfrontationstherapie ist eine Behandlungsmethode, die bei einigen Ängsten besser funktioniert, bei anderen weniger. Auch kann sie sich je nach Mensch und persönlicher Geschichte als geeignet oder eher ungeeignet erweisen.

Für viele Menschen ist die erste erlebte Panikattacke vergleichbar mit einer Nahtod-Erfahrung. Morschitzky spricht davon, dass diese Panikerfahrung eine traumatische Erfahrung ist, sodass es hilfreich sein kann, Menschen mit diesem Krankheitsbild entsprechend zu behandeln.

Wer erlebt, dass er immer wieder vernichtende Ängste erfährt, sobald er sich seinem Angstreiz stellt, kann eine **Retraumatisierung** erleben. So wird er nicht lernen, dass die Ängste nicht schlimm und gut zu überstehen sind, sondern vielleicht noch stärkere Angst entwickeln.

Des Weiteren kann sich diese Behandlungsform als kontraproduktiv erweisen, wenn keine gute Unterstützung durch den Behandler gegeben ist. Wird der Betroffene mit seinen Ängsten allein gelassen und kann sich nicht auf sein Gegenüber verlassen, wächst die Unsicherheit möglicherweise. Wichtig ist aber, dass der Angstpatient sich zunächst auf die Vertrauensperson stützen kann, um dann anschließend wieder Vertrauen zu sich selbst aufbauen zu können.

Laut Morschitzky sollten u. a. Menschen mit Panikstörungen oder starken gesundheitlichen Belastungen, sowie Personen, die bereits psychotische Zustände erlebt haben, unter Zwängen leiden oder ein starkes Leistungsverhalten haben, keine Reizkonfrontation wählen, also kein Fluten. Stattdessen sollten sie ein gestuftes Vorgehen bevorzugen.

Wichtig ist auch, sich bei dem Vorhaben, sich der eigenen Angst zu stellen, mit seinen eigenen Gegebenheiten auseinanderzusetzen und eigene Charakterzüge einzubeziehen.

So sind Menschen, die einen hohen Anspruch an sich selbst haben, mitunter gefährdet, sich bei der Konfrontation zu übernehmen. Der Wunsch, die an sich selbst gestellte Aufgabe so gut wie möglich zu bewältigen und alles dafür zu tun, wieder gesund zu werden, endet dann in einer massiven mentalen und körperlichen Überforderung. Dieser zusätzliche Druck ist aber einer Entspannung der Gesamtsituation nicht zuträglich. Wer sich immer nur zusammenreißt, sorgt für noch mehr Gegendruck, der sich irgendwann entladen wird.

Zeigst du ein leistungsbezogenes Denken und Verhalten aufgrund deiner Erziehung, kann es auch zu einer Retraumatisierung kommen. Wenn du Situationen wiederholst, die du früher mit deinen Eltern erlebt hast, z. B. sich um jeden Preis zusammenreißen zu müssen und zu funktionieren, können sich alte Wunden öffnen und auch neue hinzukommen.

Überprüfe daher unbedingt vorab, welche Methode für dich geeignet ist. Akzeptiere und respektiere deine aktuellen Grenzen und sorge bitte stets gut für dich.

Die Löffel-Theorie

Sich seinen Ängsten zu stellen, ist eine Herausforderung, die dir – je nach Intensität deiner Ängste – jeden Tag erneut viel abverlangt.

Ein konstruktiver Umgang mit der eigenen Angst ist etwas, das du durchhalten musst. Er erfordert Entschlossenheit, Ausdauer und Standfestigkeit. Du kannst nicht einfach nach Lust und Laune entscheiden. Nur durch eine kontinuierliche Herangehensweise werden sich Verbesserungen abzeichnen. Das ist ähnlich wie beim Sport. Hast du dir ein gutes Sportprogramm erarbeitet und deine Ausdauer verbessert, hält der Effekt natürlich auch an, wenn du zwei, drei Tage die Sportschuhe in der Ecke stehen lässt. Werden aus zwei, drei Tagen aber zwei, drei Wochen, lassen die Effekte nach. Deine Ausdauer nimmt ab.

Das Gleiche gilt für die Aufgabe, sich seinen Ängsten zu stellen. Es ist ein konstanter Prozess. Da viele von uns bereits mehrfach erlebt haben, wie eng der Radius wieder wird, wenn das Üben und Auseinandersetzen mit der Angst vernachlässigt wird, entsteht ein gewisser Druck: Du willst dein Ziel nicht aus den Augen verlieren und möchtest daher nicht nachlassen.

Doch Druck erzeugt in den meisten Fällen Gegendruck. Die Angst verstärkt sich.

Du solltest unbedingt darauf achten, dich nicht zu überfordern – auch wenn du hoch motiviert bist! Es ist nachvollziehbar, dass du deine Situation verbessern möchtest. Auch ist es bemerkenswert, dass du nicht nachlässt und dein Ziel weiterverfolgst. Aber du solltest dir auch Pausen gönnen.

Insbesondere Personen, die unter starken Ängsten leiden und es nur mit viel Aufwand schaffen, das Haus zu verlassen, sich mit einer anderen Person zu unterhalten oder einen Hund an sich vorbeigehen zu lassen, sind nach der überstandenen Situation oft sehr hart zu sich selbst: „Super, ich habe etwas geschafft, das jedes Baby kann. Soll ich mir jetzt applaudieren, oder was?"

Ja, genau, das sollst du! Weil du eben nicht „jeder" bist. Du bist jemand, der Ängste hat und für den dieser Moment eine große Herausforderung darstellt, die Auswirkungen hat.

Eine sehr gute Analogie, um sich das Ganze klarer zu machen, ist die der Bloggerin und Schriftstellerin Christine Miserandino. Sie ist an Lupus erkrankt, einer chronischen, rheumatischen Krankheit. Um ihren Mitmenschen verständlich zu machen, wie sich die chronische Krankheit auf ihr Leben auswirkt, hat sie die **Spoon-Theory** (die **Löffel-Theorie**) entwickelt.

Sie führte ein Gespräch mit ihrer besten Freundin, in welchem sie ihr einige Löffel gab und ihr erklärte, dass sie – als Person mit einer chronischen Krankheit – nur eine bestimmte Anzahl an Löffeln zur Verfügung hätte. Die Löffel symbolisierten Tätigkeiten, die sie über den Tag ausführen wollte. Während gesunde Menschen auf einen scheinbar unerschöpflichen Vorrat an Löffeln zurückgreifen können und somit in ihrer Tagesgestaltung nicht eingeschränkt sind, muss Miserandino genau planen. Bereits vor dem Frühstück sind einige Löffel verschwunden, da Aktivitäten, wie z. B. das Ankleiden, die Einnahme von Medikamenten und ins Bad gehen, Energie ziehen. Je nachdem, wie die äußerlichen Bedingungen sind, die die Krankheit beeinflussen sowie ihre aktuelle gesundheitliche Verfassung, muss sie zudem mit weniger Löffeln auskommen, als ihr ohnehin schon zur Verfügung stehen.

Sie muss also genau abwägen, was sie wann macht und wie sie sich ihre wenigen Löffel einteilt, um normale Herausforderungen, die an sie gestellt werden, überhaupt bewältigen zu können. Für schöne Erlebnisse bleibt dann oft gar keine Kraft mehr übrig.

Die Löffel-Theorie zeigt, dass Miserandinos Verhalten nichts mit Bequemlichkeit, Ignoranz oder Faulheit zu tun hat, sondern einfach mit einem anderen Level an Kraft, das für sie zugänglich ist.

Auch du mit deiner Angst wirst merken, dass dein Leben nicht mehr so ist, wie „vor der Angst".

Du musst abwägen, ob du dich traust, ohne deinen Partner in den Supermarkt zu gehen, weil du deine Unabhängigkeit üben willst, oder ob du es ganz sein lässt, weil nachher noch der Geburtstag deines Patenkindes ist, dass du nicht wieder enttäuschen willst. Zwei Angstanfälle hältst du nach der gestrigen großen Panikattacke und der kurzen Nacht einfach nicht aus. Du bist ohnehin schon sehr angespannt, weil sich der Besuch beim Zahnarzt wirklich nicht mehr aufschieben lässt.

Du bist also darauf angewiesen, sorgsam mit deiner Energie umzugehen.

Du kannst, ebenso wie jemand mit einer körperlichen chronischen Krankheit, nicht mal eben einen Tag Pause einlegen. Es gibt kein „Wochenende" von deinen Symptomen, keine Auszeit, die du dir beliebig nehmen kannst. Du kannst dir aber selbst Freiräume schaffen, indem du dir Auszeiten von deinem Training, von deiner Konfrontationstherapie gönnst.

Erinnere dich an das Beispiel mit dem Sport: Du verlierst deinen Trainingszustand nicht, wenn du mal einen Tag auf der Couch liegen bleibst. Das Gleiche muss zwar hinsichtlich der Angst nicht für dich gelten, aber es ist absolut in Ordnung, wenn du mal einen Tag aussetzt. Natürlich musst du aufpassen, dass sich das Vermeidungsverhalten nicht einschleicht. Aber wenn du einfach mal sagst: „Nein, heute übe ich nicht. Heute gehe ich den Weg des geringsten Widerstandes, mache nur etwas, das mir gefällt und zwinge mich zu nichts!", dann kann das eine enorme Erleichterung bringen. Du kannst ein wenig Abstand gewinnen und so neue Kräfte für den nächsten Sprung ins Ungewisse oder für dein nächstes Abenteuer auf deiner Reise sammeln.

Möglicherweise fällt es dir am Folgetag dann sogar ein wenig leichter, weil du nicht immer direkt am Limit arbeitest.

Probiere dich einfach mal aus und erlaube dir Pausenzeiten. Gib dir immer wieder Möglichkeiten zum Erholen. Angst ist anstrengend – körperlich und mental. Erkenne diese Anstrengung an und pflege dich gut, damit du am nächsten Tag weitermachen kannst.

Das ist nicht immer leicht. Schnell können dir die eigenen Ansprüche in die Quere kommen oder die Vergleiche mit dem, was du früher schaffen konntest. Da andere Menschen die Angst nicht sehen, gibt es vielleicht auch vom Umfeld fordernde Kommentare. Bleibe dann ganz bei dir. Mache dir klar, dass niemand einen Anspruch auf eine Begründung von dir hat. Du entscheidest, wen du in welchem Umfang an deinem Genesungsprozess teilhaben lässt. Du kannst dich für das Interesse der anderen Person bedanken, aber du bist nicht verpflichtet, deinen Konfrontationsplan oder deine heutigen Bemühungen offenzulegen. Es reicht vollkommen aus, wenn du sagst, dass du übst und an dir arbeitest. Wenn jemand aufrichtiges Interesse an dir hat und du das Thema erörtern möchtest, kannst du das natürlich gerne tun.

Möchte dir aber jemand ein schlechtes Gewissen einreden, dir indirekt mitteilen, dass du dich mehr anstrengen müsstest oder du zu lange für den ganzen Prozess brauchst, traue dich, für dich einzustehen. Oder gehe solchen Situationen von vornherein aus dem Weg, indem du bestimmte Themen nicht diskutierst. Das bedeutet nicht, dass du nicht offen für konstruktive Kritik deiner Liebsten oder deinen behandelnden Therapeuten bist. Aber nicht jedermann muss dir seine Meinung mitteilen, dir vorschreiben, wie du dich wann zu fühlen hast und was du nur ändern musst, damit es dir endlich besser geht. Natürlich ist es verlockend, so die Verantwortung etwas abzugeben und das zu machen, was andere dir sagen. Wichtig ist aber, deinen eigenen Weg zu finden, deine Grenzen zu erkennen und mit dem zu arbeiten, was dir aktuell zur Verfügung steht.

Es dauert ein wenig, bis man die feine Linie zwischen dem Fordern, Fördern und der Überforderung gefunden hat, aber es lohnt sich!

Wie ist das bei dir? Stelle dir einmal die folgenden Fragen, um herauszufinden, ob du dazu neigst, dich zu überfordern:

- Fällt es dir leicht, dir Pausen zu gönnen oder musst du erst etwas geleistet haben?
- Lebst du nach dem Motto „Ohne Fleiß keinen Preis"?
- Bist du in einer sehr leistungsbezogenen Familie aufgewachsen?
- Hältst du Ruhepausen für sinnvoll oder für Zeitverschwendung?
- Möchtest du nahezu jede Minute deines Lebens so produktiv wie möglich gestalten?
- Frustriert es dich, dass du nicht mehr so belastbar bist, wie vor der Angst?

- Hast du dadurch auch neue Ansichten hinsichtlich der erzwungenen Ruhepausen gewinnen können?
- Fällt es dir schwer, weniger als andere tun zu können?
- Hast du das Bedürfnis, dich erklären und rechtfertigen zu müssen, weil man dir dein Problem nicht ansieht?
- Denkst du, Ängste sind kein Grund für Erschöpfung?
- Wann hast du genug geübt oder genug getan? Was müsstest du schaffen, um mit dir zufrieden zu sein?

Kapitel 5 - Methoden für den Umgang mit Angst

Es gibt viele verschiedene Dinge, die du tun kannst, um dir in Angstsituationen Erleichterung zu verschaffen. Zudem gibt es Techniken, die ein ausgeglichenes Gemüt begünstigen.

Wenn du auf der Suche nach der richtigen Methode bist, um deiner Angst zu begegnen, solltest du immer schauen, was in der Situation aktuell im Vordergrund steht: Was möchte ich erreichen? Suche ich Ablenkung, Selbstberuhigung oder Auseinandersetzung mit den Gründen meiner Angst?

Möchte ich aktiv werden, um Spannungen abzubauen oder soll es etwas Ruhiges sein, um mein aufgebrachtes Nervensystem zu entspannen? Ist mir nach Kontakt und Austausch oder nach Rückzug? Möchte ich neue Wege entdecken, um mich eigenständig und ohne fremde Hilfe selbst beruhigen zu können?

Sich die eigenen Bedürfnisse und das eigene Verhalten während verschiedener Zustände klarzumachen, ist sehr hilfreich, denn so findest du schneller etwas, das dir in diesem Moment hilft. Bei allgemeiner Besorgtheit kann ein lustiges Gespräch mit deinem Liebsten helfen, um die Bedenken zu zerstreuen, während bei einer heftigen Panikattacke vielleicht gar kein Gespräch mehr möglich ist und du lieber zu Atem- oder Zentrierungstechniken greifen solltest.

Tipps und Ideen für den Umgang mit der Angst

Neben der Auseinandersetzung mit der Angst, dem Aufarbeiten von alten Glaubenssätzen oder negativen Erfahrungen, der Expositionstherapie sowie anderen Maßnahmen aus dem psychotherapeutischen Bereich, gibt es natürlich auch diverse andere Methoden, um mit der Angst umzugehen.

Bei diesen Aktivitäten handelt es sich sowohl um Ideen für die Akuthilfe – etwa, wenn dich eine Panikattacke zu überrollen droht oder dich die innere Unruhe gefangen hält – als auch um langfristige Maßnahmen, mit denen du deinen Geist und Körper stärken kannst.

Auch in therapeutischen Umgebungen wird Ängsten nicht nur auf mentaler Ebene, sondern auch über den Körper begegnet. Bei Ängsten ist dein Körper stark involviert; aus dem Angstkreislauf kennst du die starken Auswirkungen, die das Wahrnehmen von körperlichen Symptomen für manche Angstpatienten haben kann.

Fühlen sie bei sich einen Schmerz oder einen beschleunigten Pulsschlag, kann dies bereits die Angst triggern und den Kreislauf aktivieren. So entstehen starke Ängste oder sogar Panikattacken – nur aufgrund der körperlichen Symptome. Es muss nicht mal mehr ein Auslöser von außen vorhanden sein. Der Körper mit seinen psychosomatischen Symptomen reicht bereits dazu aus, den Organismus in Aufregung zu versetzen.

Daher legen Ärzte bei einer umfassenden Behandlung auch viel Wert darauf, dass die Betroffenen wieder Vertrauen in ihren Körper gewinnen.

Wer Angst vor seinen körperlichen Symptomen hat, neigt dazu, sich immer mehr zu schonen. Der Körper baut ab, Ausdauer und Stärke lassen nach. Dadurch werden leichtere Tätigkeiten immer anstrengender; der Körper reagiert mit Belastungsanzeichen, was für den Betroffenen wiederum ein Signal ist, sich körperlich noch mehr zu schonen.

Es ist enorm hilfreich, wenn du deinen Körper nicht mehr nur als dysfunktionales Etwas wahrnimmst, das dich mit seinen Fehlsignalen quält, sondern wenn du verstehst, warum welche Symptome entstehen.

Dann kannst du zwei Wege nutzen, um die Verbindung zu deinem Körper sowie deinen Körper selbst zu stärken: Einerseits kannst du dich deinem Körper auf liebevolle Weise annähern. Es gibt verschiedene Techniken, um sich Körperprozesse zu verdeutlichen. Wenn also plötzlich ein Stechen in der Brust wahrgenommen wird, kannst du vielleicht feststellen, dass dieser Schmerz kein Signal für eine schlimme Erkrankung, sondern eine Folge deiner Anspannung ist.

Zudem ist es wichtig, deinem Körper Möglichkeiten zur Entspannung zu bieten. Insbesondere dann, wenn du viel an deinen Ängsten arbeitest, forderst du ihn sehr heraus. Stetige Anspannung, Herzrasen und eine flache Atmung sind ermüdend und können dich sowohl mental als auch körperlich schwächen. Wenn du durch ein Entspannungstraining wieder lernst, deinem Körper Pausen zu ermöglichen (und damit auch indirekt deinem Geist), wird sich auch dein Stressniveau senken.

Folgende Methoden gelten als sehr zielführend, wenn es darum geht, mithilfe des Körpers zu arbeiten:

Sport

Stärkst du deinen Körper mit Sport, wirkt sich dies natürlich sehr positiv auf deine Gesundheit aus. Wir alle kennen die vielfältigen Vorteile eines regelmäßigen Trainings. Wenn du aber eine Herzneurose hast, dich kaum aus dem Haus traust oder schon in Panik gerätst, sobald du deinen Atem beschleunigt wahrnimmst, kann es schwierig sein, ein geeignetes Sportprogramm zu finden.

Festzustellen, dass die eigene Fitness drastisch abgenommen hat, ist zudem etwas, was viele Menschen nur schwer ertragen können – insbesondere dann, wenn sie sehr leistungsorientiert sind.

Erlaube dir in diesem Fall, dort anzufangen, wo du gerade stehst. Du kannst nur ein paar Schritte gehen? Dann gehe diese paar Schritte. Immer wieder. Immer öfter. Wenn du Angst hast, rauszugehen, gehe in deiner Wohnung auf und ab. Schaue, ob alternative Bewegungen für dich funktionieren, wenn du durch etwas abgelenkt bist, das dir Spaß macht: Jonglieren, mit dem Hund toben, mit den Kindern spielen, balancieren, backen usw.

Nutze die Chance, dich im Alltag ausufernd zu bewegen, vergrößere deine Gesten. Lasse Bewegungsabläufe ganz langsam und bewusst stattfinden, wenn dir etwas zu schnell geht und du Angst vor Herzklopfen hast. Probiere aus, ob dir eine andere Form der Bewegung Freude bereitet, wie etwa das Tanzen, Spazierengehen oder Yoga.

Yoga ist eine sehr gute Wahl, wenn du dazu neigst, bei Belastung die Luft anzuhalten. Es wird viel Wert darauf gelegt, Atmung und Bewegung in Einklang zu bringen. Bei der großen Auswahl an Yogastilen findest du sicher eine Richtung, die für dich und dein aktuelles Fitnesslevel geeignet ist. Traust du dich noch nicht, an einer Yogastunde teilzunehmen, dann kannst du überlegen, ob eine Einzelstunde die richtige Wahl ist, um dir beim Einstieg die richtigen Basics zu vermitteln.

Ansonsten kannst du auch erst mal vorsichtig mit Videos oder Büchern anfangen, und auf diese Weise mit dem Yoga beginnen. Im Internet findest du eine große Auswahl. Scheue dich nicht, nach Angeboten für Senioren oder Menschen mit mobilen Einschränkungen Ausschau zu halten. Du kannst so einen zugänglicheren Einstieg für dich finden. Zudem findest du im Internet auch Yogaprogramme gegen Angstzustände, die beruhigende Asanas, also Körperhaltungen, und Atemübungen miteinander verbinden.

Tai-Chi und Qigong sind ebenfalls geeignete Bewegungsformen, da die Bewegungsabläufe sehr bewusst ausgeführt werden und du viel Konzentration aufbringen musst. Dadurch können nicht so leicht Angstgedanken aufkommen und den Angstkreislauf aktivieren.

Kannst du dich problemlos bewegen und Sport treiben, nutze diese Möglichkeit, um deine Beunruhigung abzubauen und deinen Hormonhaushalt zu regulieren. Ganz wichtig dabei ist, nicht übermäßig zu trainieren, da auch dies belastend sein kann.

Power-Posen

Du hast sicherlich schon mal indirekt die Erfahrung gemacht, dass deine Haltung deine Stimmung widerspiegelt: Als du ein Spiel gewonnen hast, hast du vielleicht die Hände vor Freude in die Luft gerissen. Oder als du traurig warst, hast du den Kopf hängen lassen und die Schultern nach oben gezogen. Deine Stimmung beeinflusst deine Haltung. Aber wusstest du auch, dass deine Haltung deine Stimmung beeinflussen kann? Diesen Umstand machst du dir durch sogenannte **Power-Posen** zunutze.

Amy Cuddy, von der Harvard Business School, setzt sich mit diesem Thema in ihrer Forschungsarbeit intensiv auseinander und hat neben den Power-Posen auch die Auswirkung von Mimik auf die Stimmung der Probanden untersucht. In einer ihrer Stellungsnahmen zum Thema „Power Poses" berichtet sie, dass sich sowohl das einfache Lächeln positiv auf unsere Stimmung auswirkt als auch das Einnehmen von bestimmten Posen. Die Siegerpose, bei der du die Arme ausgestreckt in die Höhe reckst und dich aufrichtest, kann das Stresshormon Cortisol senken – bei zwei Minuten Halten der Pose um bis zu 24 Prozent. Wenn du hingegen den Kopf und die Schultern hängen lässt, kann dein Cortisol-Spiegel ansteigen.

Die Neurologin und Autorin Claudia Croos-Müller hat sich ebenfalls mit dem Wechselspiel zwischen Körper und Emotionen beschäftigt und die **Body2Brain-Methode** entwickelt. Diese macht sich das Wechselspiel durch das Einnehmen und Halten von bestimmten Körperhaltungen oder das Ausführen von Bewegungen zunutze. Die Stimmung wird so über den Körper aktiv beeinflusst. Die Methode wird bei Ängsten oder Depressionen, aber auch bei anderen emotionalen Herausforderungen angewandt. In ihrem Buch *Nur Mut! Das kleine Überlebensbuch* stellt Claudia Croos-Müller 12,5 Übungen vor, die Personen bei drohender Panik oder bei Ängsten anwenden können, um sich zu erden. Auch als präventive Maßnahme sind die Übungen geeignet. Croos-Müller empfiehlt, die Übungen regelmäßig durchzuführen, damit sie ihre volle Wirksamkeit entfalten können.

Die Aktivitäten, etwa das Schnippen mit den Fingern oder das breitbeinige Gehen, lassen sich auch in sehr fordernden Situationen durchführen; einige sind sogar so unauffällig (z. B. die Zunge im Mund zu bewegen), dass sie in der Öffentlichkeit durchgeführt werden können. Ziel ist es, die aufkommenden Emotionen zu regulieren und auch zu stabilisieren.

Body-Scan

Dir bewusst zu machen, wie es aktuell in deinem Körper aussieht, wo er möglicherweise verspannt ist und wo er schmerzt, kann schon dabei helfen, psychosomatischen Problemen auf den Grund zu gehen. Ängste sorgen für Spannungen im Körper. Ein dauerhaft erhöhter Muskeltonus kann zu Fehlhaltungen und Schmerzen führen. Bemerkst du die Verspannungen frühzeitig und kannst du gegensteuern, ersparst du dir unangenehme Momente. Wer allerdings in Angstgedanken gefangen ist, hat oft den Zugang zum eigenen Körper verloren und nimmt ihn nur noch wahr, wenn er mit Herzrasen oder Schwindel auf sich aufmerksam macht. Eine gute Methode, sich dem Körper anzunähern, ist der Body-Scan. Bei dieser Achtsamkeitsübung, die aus buddhistischen Traditionen weiterentwickelt wurde, gehst du gedanklich durch den Körper und beobachtest, welche Empfindungen du wahrnimmst. Du gehst Körperteil für Körperteil entlang. Dabei versuchst du, nur wahrzunehmen, was ist. Du sollst weder versuchen, Gegenmaßnahmen einzuleiten (z. B. wenn du merkst, dass du verspannt bist), noch sollst du bewerten, was du bemerkst. Du beobachtest einfach wertfrei und gehst dann mit den Gedanken weiter. Diese Übung kann nicht nur sehr entspannend wirken, sondern dir auch helfen, dein Körpergefühl zu verbessern. Das Scannen des Körpers zeigt auf, wo sich die Angst in deinem Körper durch Schmerzen oder Anspannung zeigt. Diese Auswirkungen bewusst wahrzunehmen, ist sehr hilfreich, um in Akutsituationen aus dem Angstkreislauf aussteigen zu können. Zudem kannst du so üben, nicht sofort auf einen Reiz zu reagieren. Wenn du es schaffst, auf einen kleinen Stich in der Brustgegend nicht sofort mit Panikgedanken zu reagieren („Das ist bestimmt ein Herzinfarkt. Jetzt trifft es mich!"), gerätst du nicht so leicht in den erwähnten Angstkreislauf. Du kannst gelassen bleiben und die Situation erst mal in Ruhe beobachten. Du handelst aktiv, anstatt nur zu reagieren.

Entspannungstraining

Entspannung ist sehr wichtig für Menschen mit Ängsten, da sowohl die mentale als auch die körperliche Anspannung meist sehr hoch ist. Beliebte Techniken sind die **Progressive Muskelentspannung** und das **Autogene Training**. Beide Techniken können in Kursen erlernt werden. Häufig werden diese von der Krankenkasse bezuschusst. Gibt es keinen Kurs in deiner Nähe oder traust du dich nicht, an einem solchen teilzunehmen, kannst du beide Techniken auch leicht mittels DVDs, Büchern oder Online-Tutorials erlernen. Viele Krankenkassen bieten sehr gute Videos an, mit denen du arbeiten kannst.

Die **Progressive Muskelentspannung**, auch bekannt unter dem Begriff **Progressive Muskelrelaxation** oder unter der Kurzform **PME** wurde von Edmund Jacobsen entwickelt. Der amerikanische Physiologe bemerkte bei seinen Arbeiten die Auswirkungen von Angst und Erregung auf den Muskeltonus. Er leitete daraus die Vermutung ab, dass durch eine gezielte Entspannung der Muskeln auch eine Entspannung des Geistes entstehen müsste. Während sein Verfahren noch sehr aufwendig zu erlernen war, gibt es heute leichte Kurzvarianten. Je nach Vorliebe findest du Anleitungen für eine Durchführung im Sitzen oder im Liegen.

Du spannst nach und nach jeden Körperteil bewusst bis zur maximalen Belastungsgrenze an, hältst die Anspannung und löst die Spannung anschließend wieder. Empfohlen wird, die Spannung für 5 bis 10 Sekunden zu halten. Die Entspannungsphase sollte etwas länger andauern, etwa 30 Sekunden.

Dadurch erlebst du den Spannungs- und den Entspannungszustand ganz bewusst. Du kannst beide erkennen und unterscheiden – und mit etwas Übung auch bewusst Spannungszustände abbauen.

Dadurch lockern sich die Muskeln, die Atmung und der Puls beruhigen sich und auch der Geist kommt zur Ruhe.

Es wird empfohlen, die Methode zu Beginn 20 bis 30 Minuten durchzuführen. Bei einem Durchlauf gehst du – je nach Variante – gedanklich von oben nach unten oder von unten nach oben durch den Körper. Dabei spannst du die einzelnen Muskelgruppen, etwa die Wadenmuskeln, dann die Oberschenkelmuskeln usw., nach und nach an und lässt anschließend wieder los.

Wenn du etwas geübter bist, reichen auch Kurzvarianten, die du in wenigen Minuten durchführen kannst. Bemerkst du im Alltag Spannungszustände – etwa in der Bahn oder bei der Arbeit – kannst du auch Mini-Übungen durchführen: Balle deine Hände zu Fäusten, bis zur individuellen Belastungsgrenze. Dann lasse los und spüre, wie sich die Entspannung und die Wärme in dir ausbreiten. Übst du regelmäßig, hat dein Gehirn diese Bewegung mit einem tiefen Gefühl der Entspannung verknüpft. Die Bewegung ist sehr unauffällig, sodass du sie wunderbar zwischendurch für dich nutzen kannst, um Stress abzubauen.

Das **Autogene Training** ist ein Entspannungsverfahren, das auf der sogenannten **Autosuggestion** basiert. Seinen Ursprung hat das Autogene Training in der Hypnose. Zu Beginn des 20. Jahrhunderts wurde dieses Verfahren von dem deutschen Psychiater Johannes Heinrich Schultz entwickelt. Heute wird es in psychotherapeutischen Umgebungen angewandt. Es kann den Patienten beim Entspannen helfen und ihnen ein Gefühl von Selbstwirksamkeit vermitteln. Diese Methode wird von vielen Anwendern mit einem Trainer oder einer CD erlernt. Die Idee dahinter ist jedoch, dass die Entspannung von innen heraus erzeugt werden kann. Das Training wird in mehrere Stufen gegliedert. Gearbeitet wird mit Suggestionen, die gedanklich in immer gleichbleibender Formulierung wiederholt werden, wie etwa „Ich bin ganz ruhig." Am Ende eines Durchganges erfolgt das sogenannte *Zurücknehmen*, mit dem der Körper und der Geist wieder aktiviert werden sollen.

Meditation und Traumreisen

Meditation hat längst einen festen Platz im Bereich Selbstfürsorge erobert. Eine regelmäßige Meditationspraxis kann nicht nur dein Stresslevel drastisch senken. Du kannst dich auch besser auf Dinge fokussieren, auf die du deine Aufmerksamkeit wirklich lenken möchtest. Das berühmt-berüchtigte „Monkey-Mind", bei dem die Gedanken wie wilde Äffchen hin und her springen, kann leichter zur Ruhe gebracht werden. Das Wohlbefinden steigert sich, weil deine innere Unruhe abnimmt. Stattdessen ist Raum für Klarheit und neue Gedanken. Vor allem für Menschen mit einer **Generalisierten Angststörung** oder für Personen, die sich schnell in Sorgenspiralen verlieren, sind Meditationen gut geeignet. Mittlerweile wurde auch wissenschaftlich nachgewiesen, dass sich Meditationen positiv auf Angstpatienten auswirken. Deine Gehirnleistung kann sich verbessern und es können sich sogar bestimmte Strukturen im Gehirn verändern. Neue Gedanken und neue Angewohnheiten können den Platz von alten Angstgedanken einnehmen.

Es gibt verschiedene Formen der Meditation.

Für Menschen mit starken Sorgen oder Ängsten kann eine *Sitzmeditation* in Stille zu herausfordernd sein. Versuche dann doch einfach mal eine *Gehmeditation*, bei der du dich ganz auf das Gehen konzentrierst. Achte auf deinen Bewegungsablauf, die Wahrnehmungen unter deinen Sohlen und an deinen Beinen, auf die Beschaffenheit des Bodens sowie auf deinen Atem. Versinke ganz im Augenblick. Hast du die Möglichkeit, diese Übung barfuß auszuprobieren, kannst du noch mehr auf den Boden unter deinen Füßen achten. Ist er warm oder kalt, rau oder glatt, ebenmäßig oder gibt es eine leichte Steigung?

Kleiner Tipp: Wähle für deine ersten Gehmeditationen ruhige, unbelebte Orte, an denen du dich ganz auf dich konzentrieren kannst. Stelle zudem sicher, dass du weder dich noch andere, durch dein konzentriertes Gehen, im Straßenverkehr behinderst oder gefährdest.

Geführte Meditationen können ebenfalls einen wunderbaren Einstieg in die Welt der Meditation bieten. Im Buchhandel sind entsprechende Literatur, CDs und Videos rund um dieses Thema erhältlich. Die große Auswahl an Angeboten umfasst mittlerweile auch speziell auf Ängste zugeschnittene Meditationen, die du bei innerer Unruhe oder einer Panikattacke zur Selbstberuhigung nutzen kannst.

Manche Menschen profitieren auch davon, mit einem **Mantra** zu beten, also einem Wort oder einem Satz. Das Mantra wird innerlich oder laut gesagt – so kehrt man immer wieder mit der Aufmerksamkeit zum Mantra zurück.

Vielleicht möchtest du auch eine **Mala** ausprobieren? Diese buddhistische Gebetskette hat 108 Perlen. Die Perlen lässt du einzeln zwischen deinen Fingern hindurchgleiten. Pro Perle sagst du deinen Satz oder dein Wort einmal. Die Kombination aus Bewegung und Mantra hilft dir, deine Gedanken zu kontrollieren und dich zu fokussieren.

Möchtest du dich weniger fokussieren und mehr entspannen, können auch sogenannte **Traum- oder Phantasiereisen** etwas für dich sein. Dieses imaginative Verfahren wird auch in der Psychotherapie zum Entdecken von eigenen Kraftquellen oder zum Entspannen eingesetzt. Lasse dir eine beruhigende Geschichte erzählen und entspanne dabei vollkommen.

Genusstraining

Wer in steter Anspannung lebt, wird meist nicht nur räumlich und gedanklich eingeschränkt, sondern auch sinnlich. Wenn du Angst um deine Gesundheit, deine Liebsten oder die Zukunft hast, fällt der Fokus auf all das, was schön ist, schwer. Daher ist es so wichtig, Ängste nicht nur zu bearbeiten, sondern parallel auch etwas für die Sinne und das Wohlbefinden zu tun. Diese Tätigkeiten werden in der Psychotherapie meist unter dem Oberbegriff **Genusstraining** zusammengefasst. Die Anwender des Trainings sollen wieder lernen, zu genießen, angenehme Gefühle wahrzunehmen und zu zelebrieren.

Wer in starken Angstkreisläufen gefangen ist, kann mitunter gar nicht mehr unterscheiden, ob die Erregung, die er fühlt, positiv oder negativ ist – sie wird sofort mit Angst gleichgesetzt. Aber vielleicht klopft das Herz vor lauter Vorfreude auf einen lieben Menschen. Vielleicht ist der Kloß im Hals ein Zeichen für Rührung während eines sehr ergreifenden Momentes.

Das Genusstraining zielt darauf ab, dass du dir deiner fünf Sinne wieder in einem positiven Kontext bewusst wirst. Dadurch kannst du kleine Genussmomente im Alltag erkennen und auch bewusst kreieren. So schaffst du einen wichtigen Ausgleich zu dem Stress, den du durch deine Ängste erlebst. Ferner kannst du aktiv etwas für dein Wohlbefinden tun und die passive Angsthaltung verlassen.

Das **Riechen** ist sehr mächtig hinsichtlich der Emotionskontrolle: Viele Düfte sind beruhigend, erinnern dich an deine Kindheit oder an glückliche Zeiten und können so bewusst genutzt werden, um deine Stimmung zu heben. Wenn es dich interessiert, beschäftige dich doch mal mit der **Aromatherapie**. Hier gelten der Duft von Rose und Lavendel als beruhigend, Orange als belebend. Probiere dich aus und schaue, was dir gut tut. Falls du mit ätherischen Ölen arbeiten willst, ist es wichtig, nur hochwertige und reine Produkte zu verwenden. Sei sparsam in der Dosierung und teste vorab, welche Öle du verträgst.

Auch das bewusste Wahrnehmen von frisch aufgebrühtem Kaffee, selbst gebackenem Brot oder einem Strauß Schnittblumen kann deine Laune heben. Werde zum Duft-Detektiv und mache dich auf die Suche nach tollen Gerüchen in deiner Umgebung. Durch diese Aufgabe wirst du von deinen Angstgedanken abgelenkt.

Dein **Hörsinn** kann ebenfalls wunderbar genutzt werden, um dir Genuss zu verschaffen. Arbeite mit Musik, Geräuschen und Klängen. Ist das Rausgehen aktuell schwierig, unterstütze dich beim Spazieren mit beruhigenden Instrumentalstücken oder einem absoluten Power-Song. Wichtig hierbei ist, die Lautstärke so regulieren, dass du deine Umwelt noch gut mitbekommst. Sind Menschenansammlungen schwierig, kannst du auch bewusst Geräusche abdämpfen und durch angenehme Klänge ersetzen, bis du dich wieder daran gewöhnt hast. Merkst du, dass eine Panikattacke aufsteigt, kannst du auch Hörbücher oder geführte Meditationen einsetzen. Die Stimme im Ohr unterstützt dich dann darin, dich der Situation zu stellen. Erstelle dir Playlists zum Entspannen und zum Motivieren, vielleicht sogar zum Tanzen. Probiere Neues aus und gönne dir spannende Hörerfahrungen zum Genießen.

Dein **Sehsinn** ist ein wunderbarer Begleiter, der dir deine Umgebung von ihrer besten Seite zeigen kann. Umgib dich mit Farben, die du magst. Falls du kannst, begib dich in die Natur und genieße die beruhigende Wirkung der Bäume, Gräser und Wiesen. Schaffe dir in deinen eigenen vier Wänden Bereiche, auf denen dein Auge gern verweilt. Finde heraus, was dich optisch anspricht und gib dir immer wieder die Möglichkeit, mit deinem Sehsinn auf Entdeckungsreise zu gehen. Bist du gerade sehr eingeschränkt, kannst du dir schöne Bildbände ansehen, Filme schauen oder dir Bücher mit kunstvollen Illustrationen zur Hand nehmen. Auch Comics und Karikaturen, die dich zum Lachen bringen können, Katzenvideos oder Slapstick-Filme können dein Genussrepertoire im Bereich des Sehens erweitern. Möchtest du selbst aktiv werden? Dann greife zu Pinsel und Farben und beginne, zu malen.

Dein **Tastsinn** ist hervorragend dafür geeignet, dir sinnliche Momente im Alltag zu verschaffen. Wähle Kleidung aus, die deiner Haut schmeichelt. Achte auf die Beschaffenheit und die Textur von Dingen, die du dir zum Essen zubereitest. Fühle das weiche Fell deines Haustieres. Gönne dir eine Eigenmassage, vielleicht sogar mit einem gut duftenden Öl. Mache aus der Haarpflege ein Verwöhn-Programm. Du kannst eine Meditation mit einer Mala praktizieren, die du durch deine Hände gleiten lässt. Auch ein Handschmeichler ist ein guter Begleiter, der dir hilft, deine Aufmerksamkeit auf das Gefühl in deinen Händen zu lenken. Hast du die Möglichkeit dazu, kann auch Gärtnern sehr gut dazu geeignet sein, mit deinem Tastsinn in Berührung zu kommen. Fühle die kühle, schwere Erde, die sanften Blüten, die ledrigen Blätter und die Sonne auf deiner Haut.

Schmecken ist etwas, dass viele Menschen mit Ängsten instinktiv zur Emotionskontrolle nutzen. Sie gönnen sich leckere Speisen, allerdings oft mit viel Fett oder Zucker. Gerichte, die uns an unsere Kindheit erinnern, werden oft als tröstlich wahrgenommen. Versuche, deine Mahlzeiten bewusst zu schmecken, die feinen Noten und Aromen wahrzunehmen. Durch eine gesunde und regelmäßige Nahrungszufuhr bleibt zudem dein Blutzuckerspiegel konstant. Meist hilft dies schon, Symptome zu minimieren, die an Angst erinnern, wie beispielsweise Nervosität oder Schwindel. Versuche, dir neue Geschmackswelten zu eröffnen. Teste ausgefallene warme Getränke als „Bauchstreichler" und frische Speisen, die dir Energie geben.

Affirmationen

Mittlerweile kennst du die Kraft negativer Schreckensbilder. Wenn du dir Horror-Szenarien vorstellst, kann das direkte Auswirkungen auf deine Psyche haben. Genauso verhält es sich allerdings auch mit positiven Bildern und Gedanken. Wenn du magst, probiere daher einfach mal, mit Affirmationen zu arbeiten. Diese kannst du dir über den Tag verteilt vorsagen, an den Spiegel hängen, sie kunstvoll ausgestalten und in deinem Tagebuch porträtieren. Du kannst sie als Rettungsanker in akuten Angstsituationen einsetzen und gebetsmühlenartig wiederholen, bis du dein Gehirn davon überzeugen konntest, dass du nicht wirklich in Gefahr bist.

Hast du regelmäßig wiederkehrende negative Gedanken, kannst du auch eine kleine Tabelle anlegen. In dieser stellst du dem negativen Gedanken eine positive Affirmation gegenüber. Kommt der negative Gedanke auf, hältst du mit dem positiven Glaubenssatz dagegen:

„Ich kenne bei dem Treffen niemanden, mich wird bestimmt niemand mögen."

vs.

„Ich kenne bei dem Treffen noch niemanden. Ich habe die Chance, interessante Begegnungen zu machen."

oder

„Wenn ich jetzt rausgehe, bekomme ich bestimmt einen Herzinfarkt."

vs.

„Ich werde sehr aufgeregt sein, wenn ich rausgehe. Aber das kenne ich ja schon und ich weiß, wie ich damit umgehen kann und dass es nicht anhält."

Stelle dir diese Gedanken wie einen Weg vor: Deine negativen Gedanken sind die geteerte Autobahn. Deine neuen Gedanken sind ein überwucherter Feldweg. Natürlich nimmt dein Gehirn am ehesten die Negativ-Autobahn. Diesen Weg kennt es. Hier hat es freie Fahrt. Um den Weg für dein Gehirn einfacher zu machen, musst du den überwucherten Feldweg immer wieder bewusst entlanggehen, bis all das Unkraut zertreten wurde und sich der Platz zum Gehen verbreitert hat. Je öfter du diesen Weg beschreitest, desto vertrauter ist er dir und desto leichter ist er zu gehen.

Schreiben

Es kann sehr hilfreich sein, seine Gedanken schriftlich zu sortieren. Mit dem Schreiben kannst du dir selbst Mut zusprechen, Druck ablassen, alle Befürchtungen loslassen und Sachen thematisieren, ohne dass dir jemand hineinredet oder deine Befürchtungen abwertet.

Dieses freie Schreiben bietet dir die Möglichkeit, dich auszudrücken, auch wenn es dir sonst schwerfällt oder unangenehm ist. Zudem kannst du deine Ängste klar formulieren. Sind sie niedergeschrieben, kannst du sie zur Seite legen und dir sagen, dass sie jetzt sicher verwahrt sind.

Du kannst dir auch selbst **Briefe** schreiben und dich darin motivieren, loben oder beruhigen.

Ein **Glückstagebuch** greift die Idee des Genusstrainings auf und hilft dir, auch auf das Schöne in deinem Leben zu achten. Schreibst du die Glücksmomente – egal, wie klein sie auch sein mögen – in all ihrer Schönheit und Pracht auf, erweckt das wieder neue positive Gefühle. Diese kannst du immer wieder aufsteigen lassen, wenn du sie durchliest. Zudem bemerkst du, dass dein Leben nicht nur aus einer Aneinanderreihung von Angst und schlimmen Momenten besteht.

Ein **Symptomtagebuch** kann dich dabei unterstützen, Muster und Trigger zu erkennen. Sind die Ängste schlimmer, wenn du unausgeschlafen bist oder wenig gegessen hast? Wie wirkt sich dein körperlicher Allgemeinzustand auf deine Stimmung aus? Taucht die Angst verstärkt auf, wenn der Besuch dieser einen Tante ansteht? Warum ist das so?

Wenn du dir die Notizen durchliest, fällt es dir vielleicht auch leichter, den Vorteil von Routinen zu erkennen. Hast du eine feste Morgen- und Abendroutine sowie feste Essenszeiten, sorgst du für stabile Bereiche in deinem Leben, an denen du dich orientieren kannst. Wenn die Angst dich zu überwältigen droht, kann schnell alles außer Kontrolle geraten, weil du dich darin verlierst. Hast du feste Marker in deinem Leben, die dafür sorgen, dass du genug isst, ausreichend Sonne bekommst und hydriert bleibst, hast du schon mal deine Grundbedürfnisse erfüllt.

Eine weitere Möglichkeit, die du schriftlich ausprobieren kannst, ist die sogenannte **Anxious Reappraisal**, also die **Angst-Neubewertung**. Bei dieser Technik arbeitest du nicht mit Selbstberuhigung, sondern du bewertest die Angst neu. Menschen, die unter Lampenfieber leiden, sagen sich beispielsweise, dass dieses Lampenfieber ihre Sinne schärft und ihre spätere Performance auf der Bühne verbessern wird. Dadurch können sie die Angst, die sie spüren, besser akzeptieren. Sie verausgaben sich nicht mit dem Bekämpfen dieser Angst, sondern geben ihr durch die Neubewertung einen nachvollziehbaren Sinn.

Die Angst wird also von der Bedrohung zur Chance, selbst wenn die körperlichen Symptome – beim Lampenfieber Herzklopfen oder ein trockener Mund – die gleichen bleiben. Die Technik ist eine interessante Alternative für Personen, die sich nicht gut selbst beruhigen können. Dies ermöglicht es, mit auftretender Angst ohne Hilfe von außen umgehen zu können.

Spannungen abbauen

Manchmal tut es gut, einfach nur Druck abzulassen. Wer Angst erlebt, insbesondere wenn es dauerhafte Ängste sind, baut oftmals starke Spannungen auf. Diese können sich nicht immer auflösen – sei es, weil es keinen genau erkenntlichen Grund dafür gibt, weil du deine Ängste mit aller Macht unterdrückst oder weil du sie vor dir selbst nicht zugeben möchtest. Vor allem, wenn du dich darum bemühst, in deinem Alltag so wenig wie möglich mit deinen Ängsten aufzufallen, kann das zusätzlichen Druck aufbauen.

Dann fühlst du dich am Ende des Tages vielleicht wie ein kleiner Dampfkessel, der kurz vor dem Überkochen ist. Wenn du dann auf eine mögliche Panikattacke wartest, bereitest du dir zusätzlichen Stress.

Früher haben die Menschen in einer Angstsituation meist körperlich reagiert. Sie haben gekämpft oder sie sind geflohen. Nun möchtest du sicherlich weder deinen Zahnarzt angreifen, noch von deinem ersten Date mit dem netten Nachbarn fliehen. Die Bedrohung ist nicht direkt körperlicher Natur, sondern mental. Trotzdem hat dein Körper die angestaute Energie in sich. Aufgrund der körperlichen Begleiterscheinungen, wie Schwitzen oder Herzklopfen, vermeiden jedoch viele Menschen, die unter Ängsten leiden, körperliche Anstrengungen um jeden Preis. Wenn du keine Angst davor hast, kannst du dich nach einer herausfordernden Situation ordentlich beim Sport austoben, um deinen Stress abzubauen.

Ist Sport aktuell keine Option für dich, versuche, deine Spannungen anderweitig abzulassen. So stellst du sicher, dass deine körperliche Erregung nicht anhält und du diese nicht fehlinterpretierst.

Denn nicht immer ist innere Unruhe ein Zeichen für die nächste Panikattacke. Stattdessen kann sie einfach nur anzeigen, dass du dich nicht genug bewegt hast oder dass Gefühle in dir vorhanden sind, die rausgelassen werden wollen.

Je nach Situation und Aufenthaltsort, kannst du dann zu verschiedenen Tricks und Maßnahmen greifen: Bist du in der Stadt unterwegs, kannst du natürlich nicht wild herumschreien, um Druck abzulassen. Das ginge gut, wenn du im Auto fährst oder zwischen den Feldern spazieren gehst. Einmal ausgelassen zu schimpfen, wild mit den Armen zu fuchteln und richtig schlimme Wörter zu sagen, kann von Zeit zu Zeit sehr befreiend sein.

In der Öffentlichkeit magst du mit großer Wahrscheinlichkeit eher dezenter vorgehen. Stampfe einmal kurz mit dem Fuß auf, oder tue so, als müsstest du etwas von deinem Schuh abstreifen oder abtreten. Das baut ebenfalls Spannungen ab und ist in wenigen Augenblicken geschehen. In der Bahn kannst du einen Stressball in deine Manteltasche stecken und ihn unauffällig knautschen. Presse ihn ganz fest zusammen und lasse anschließend wieder los. Dies hat einen ähnlichen Effekt wie die Progressive Muskelentspannung und ist hervorragend geeignet, um überschüssige Energie abzubauen.

Bist du in deinem eigenen Zuhause, kannst du laut Musik anmachen und wild tanzen.

Da sich Wut und Angst häufig mischen oder Wut sich als Angst „verkleidet" – insbesondere bei Menschen, die sich keine Wut erlauben („Auf X oder Y darf ich doch nicht wütend sein.") – wäre ein Training am Boxsack gut geeignet. Aber die wenigsten von uns besitzen einen. Schnappe dir stattdessen ein Kissen und schlage darauf ein. Wenn du dafür deine Hände nimmst, pass bitte gut auf deine Gelenke auf. Alternativ kannst du auch einen Tennisschläger oder einen Kochlöffel verwenden.

Vielleicht willst du auch auf eine andere Art und Weise laut sein? Auf Sachen herumtrommeln, stampfen, alte Wurfsendungen zerreißen und sich bei dem herrlichen Geräusch des reißenden Papieres vorstellen, dass so auch alle Sorgen zerrissen werden – das kann wunderbar befreiend sein.

Vielleicht möchtest du auch mal nicht beherrscht und erwachsen sein, sondern dich wie deine dreijährige Tochter bei einem Tobsuchtsanfall auf dem Boden herumrollen? Auch das ist in einem geschützten Umfeld sehr gut möglich.

Bist du dann richtig ausgepowert, sei gut zu dir. Hast du geschimpft, trinke etwas, das deine Stimmbänder beruhigt und hydriere dich. Sei stolz auf dich, dass du kontrolliert „Dampf abgelassen" hast und spüre nach. Wie geht es dir danach? Was ist anders? War es befreiend?

Zentrierungs- und Wahrnehmungsübungen

Eine der bekanntesten Zentrierungs- und Wahrnehmungsübungen ist die **5-4-3-2-Methode**. Dabei benennst du nacheinander 5 Dinge, die du siehst, 4 Dinge, die du hörst, 3 Dinge, die du spürst und 2 Dinge, die du schmeckst. Deine Aufmerksamkeit wird von den Angstgedanken auf deine Umwelt gelenkt. Du kannst dich wieder besser im Hier und Jetzt verorten und wirst nicht von einer Emotionswelle mitgerissen. Dein alarmierter Mandelkern muss sich deine Gehirnleistung mit anderen Bereichen teilen, die jetzt von deinen Sinnen beansprucht werden. Wenn du alleine bist, kannst du die Dinge auch laut benennen.

Eine weitere Zentrierungsübung ist das **Rückwärtszählen**. Dies läuft nicht so automatisiert ab wie das Vorwärtszählen – also muss sich dein Gehirn etwas anstrengen und Energie vom erschreckten Mandelkern abziehen. Zahlen sind eine feste Größe und meist wenig emotionsgeladen, sodass sie perfekt als Objekt zum Fokussieren geeignet sind. Wenn das Rückwärtszählen zu leicht ist, kannst du auch in 7er-Schritten zählen oder dich zusätzlich – falls die Knie nicht zu wackelig sind – auf ein Bein stellen.

Ein **fester Stand** ist ohnehin eine der besten Übungen, um sich zu erden. Nimm dazu die **Berghaltung** aus dem Yoga ein, auch bekannt als **Tadasana**. Diese Haltung gilt als eine der wichtigsten im Yoga, auch wenn es sich eigentlich „nur" um ein Stehen handelt.

Die Schultern und Arme hängen locker, deine Wirbelsäule ist aufgerichtet. Der Nacken ist gerade, der Kopf thront darauf. Du atmest entspannt und gleichmäßig ein und aus, der Blick ist nach vorne gerichtet. Spüre, wie sich dein Gewicht gleichmäßig auf deine Fußsohlen verteilt und von dort sicher in den Boden abgegeben wird. Achte bitte darauf, nicht die Zehen in den Boden zu krallen oder dein Gewicht nur auf die Ferse oder die Außenkanten zu legen. Stehe sicher und stabil wie ein Berg. So kann dich nichts so leicht erschüttern.

Ist die Angst während des stillen Stehens zu groß, kannst du dich zum Erden auch einfach auf den Boden legen. Fühle, wie sicher dich der Untergrund trägt und dich von unten hält. Du bist sicher und geborgen.

Bist du in der Bahn unterwegs, kannst du deine Füße ganz bewusst auf den Boden vor dir abstellen. Bei Bedarf führe die Bewegung mehrmals aus – das merkt keiner. Drücke deine Füße leicht in den Boden und spüre den Widerstand. Dadurch werden deine Oberschenkel auch leicht angespannt und dir wird deine Sitzunterfläche bewusst. Fühle den sicheren Boden unter dir. Wenn du noch mehr Unterstützung brauchst, suche dir einen Gegenstand in deiner Umgebung und beschreibe ihn so genau wie du kannst. Welche Farbe hat er? Welche Größe? Welches Material? Ist er trocken, glatt, handlich?

All diese Aktivitäten helfen dir dabei, deine Wahrnehmung auf etwas anderes als deine Angst zu lenken. Zudem kannst du dich wieder besser im Hier und Jetzt verorten und dich gegen überwältigende Gefühlswellen wehren.

Singen oder Gedichte rezitieren

Wusstest du, dass viele Leute bei Angst anfangen, zu singen? Singen aktiviert das Immunsystem, schüttet das Kuschelhormon Oxytocin aus und hat eine stresslindernde Wirkung. Du atmest anders, was sich positiv auf Gefühle, wie Beklemmungen oder Erstickungsangst, auswirken kann. Der Rhythmus, den du beim

Vortragen von Gedichten oder beim Singen verwendest, kann sich beruhigend auf dich auswirken und einen weiteren Anker für deinen Atem bilden. Zudem wird dein gesamter Körper anders genutzt. Es entsteht eine gewisse Weite, die der Angst den Platz streitig macht. Es ist völlig egal, was du singst oder rezitierst: Es kann ein Gute-Laune-Song sein, ein Kindheitslied oder du fasst das, was du gerade fühlst, in Worte.

Wenn du magst, kannst du beim Singen oder Sprechen auch etwas mit der Angst spielen. Lege all deine Dramatik in deine Stimme – wie bei einer Arie in der Oper. Blase deinen Frust über deine Angst hinaus. Oder trage sie mit einer Donald-Duck-Stimme vor. Töne vor dich hin, summe oder singe ein Mantra. Dein Körper wird mit Sauerstoff versorgt, dein Gehirn hat jede Menge anderes zu tun, als nur dem Mandelkern Energie zur Verfügung zu stellen. Zudem sorgen „Quietsche-Stimmchen" oder Hochdramatik vielleicht sogar dafür, dass du der ganzen schwierigen Situation eine gewisse Komik abgewinnen kannst – und lachen entspannt erst recht!

Atemübungen

Atemübungen sind wie geschaffen dafür, bei Angst oder Panik beruhigend auf dich einzuwirken. Am besten ist es, wenn du die Atemübungen in einem möglichst entspannten Zustand einübst, um sie dann bei Bedarf anwenden zu können. Die meisten Übungen zielen darauf ab, deinen Atem zu beruhigen und in einen gleichmäßigen Fluss zurückzubringen. Wenn du Angst hast, hältst du oft den Atem an. Dadurch kann dir schwindelig werden.

Wenn dir der Atem stockt, versuche, deine **Bauchatmung** zu aktivieren. Dafür atmest du nicht nur in den oberen Rumpf, sondern lässt den Atem tief in deine Lungen strömen. Dein Bauch dehnt sich wie ein kleiner Ballon aus und senkt sich dann wieder ab. Dieses Wechselspiel erfolgt in stetiger Gleichmäßigkeit, wie Wellen, die an den Strand rollen.

Bist du sehr verspannt, kann es sein, dass dir eine tiefe Bauchatmung nicht gleich möglich ist. Versuche immer wieder, deine Atemmuskeln zu aktivieren, aber lasse dir Zeit.

Wenn du merkst, dass du aufgrund von Atemangst zu schnell zu viel Luft einatmen willst und du zu hyperventilieren drohst, kann es hilfreich sein, in einen Schal oder die Armbeuge zu atmen. So wird die Sauerstoffzufuhr etwas gesenkt. Zudem kannst du die **Lippenbremse** einsetzen und so deine Ausatmung in die Länge ziehen. Atme ein – um dich noch mehr zu beruhigen, kannst du dir auch vorstellen, du würdest einen angenehmen Duft in die Nase ziehen – und dann atme durch die leicht geschlossenen Lippen aus.

Auch das **Abschnauben** funktioniert ebenfalls nach dem Prinzip. Dabei erfolgt die Ausatmung durch die sanft geschlossenen Lippen – jedoch nicht vorsichtig, sondern du lässt die Lippen wie ein Pferd vibrieren. Dies baut zudem wunderbar Spannungen im Gesicht ab, die dein Wohlbefinden beeinträchtigen können, wenn du starke Angst hast. Das Abschnauben ist eher für die Momente geeignet, in denen man alleine ist, während die Lippenbremse auch unauffällig in der Öffentlichkeit eingesetzt werden kann.

Die **Box-Atmung** kann auch sehr hilfreich sein, wenn du akut Angst verspürst. Stelle dir ein Rechteck oder eine Box vor. Gehe während des Einatmens gedanklich die kurze Seite entlang und zähle dabei bis 4. In der Atempause kannst du bis 2 zählen und anschließend die Ausatmung entlang der langen Seite bis 6 oder 8 ausdehnen. Da du deine Ausatmung verlängerst, beruhigt sich dein Atemrhythmus. Du atmest deine verbrauchte Luft vollständig aus, dein Kopf wird wieder klarer.

Kapitel 6 - Angst- und Panikstörungen: Professionelle Begleitung

All die vorgestellten Techniken und Tipps können auch bei Angst- und Panikstörungen wertvolle Unterstützung bieten. Wer jedoch unter einer solchen Störung leidet oder vermutet, unter dieser zu leiden, sollte in Erwägung ziehen, professionelle Hilfe in Anspruch zu nehmen.

Dieser Gedanke kann – wie könnte es anders sein – Angst machen:

Bin ich dann verrückt? Komme ich dann in die Psychiatrie? Muss ich Medikamente nehmen?

Das Wichtigste vorweg: Nein, du bist nicht verrückt. Und du musst nichts machen, was du nicht möchtest.

Stelle dir vor, du kommst mit einem Schnupfen von der Arbeit. Naja, es ist Wochenende – du wirst dich etwas schonen, dann wird das schon wieder. Nun merkst du an den nächsten Tagen, dass es nicht besser wird. Also beschließt du, die alten Hausmittelchen zu bemühen: Heißen Tee trinken, Ruhen auf der Couch, Vitamin-Kicks durch Obstsalat und natürlich auch heiße Zitrone und Ingwer. Der Schnupfen wird aber nicht besser, auch nach ein paar Tagen nicht. Stattdessen kommen weitere Symptome hinzu und dir geht es richtig schlecht. Wie verhältst du dich in dieser Situation?

Die wenigsten von uns suchen wegen einer Kleinigkeit gleich einen Arzt auf und sicher ist es auch gut, seinem Körper erst mal die Chance zu geben, sich selbst zu regenerieren. Wenn Beschwerden aber anhalten oder sich sogar verschlimmern, entscheiden sich jedoch die meisten von uns dafür, doch mal bei einem Arzt vorstellig zu werden. Wenn der Hausarzt nicht weiterhelfen kann, lassen wir uns zu einer Fachkraft überweisen, etwa zu einem HNO-Arzt.

Genauso könnten wir uns auch in der Situation verhalten, wenn wir merken, dass wir gesundheitliche Probleme haben, die unsere Psyche betreffen. Hier fühlen aber viele Menschen Hemmungen. Befürchtungen, man könne sich bloßstellen, würde als verrückt wahrgenommen, mit seinen Beschwerden nicht ernst genommen oder belächelt werden, sind oftmals der Grund dafür. Auch der Umstand, sich selbst einzugestehen, dass man in diesem Bereich Hilfe von außen braucht, kann für manchen schwer anzunehmen sein.

Aber genauso wenig, wie du von dir selbst erwartest, ein gebrochenes Bein schienen zu können, solltest du von dir erwarten, psychische Beeinträchtigungen alleine behandeln zu können, wenn sie eine Intensität erreicht haben, bei der du klare Unterstützung von außen brauchst.

Bleiben Angst- oder Panikerkrankungen unbehandelt, können sie sich festsetzen und einen chronischen Verlauf einnehmen. Auch wenn du schon lange unter Beeinträchtigungen dieser Art leidest, kann die Unterstützung durch eine Fachkraft sinnvoll sein.

Es gibt viele verschiedene Möglichkeiten, sich Hilfe zu besorgen, die zum Teil recht niedrigschwellig, zum Teil mit mehr Arbeit verbunden sind.

Sehr leicht zugänglich ist der Kontakt zu Hotlines, wie z. B. der Telefonseelsorge, die sowohl telefonisch als auch per Chat und E-Mail Beratung anbieten. Die Kontaktaufnahme kann in einer akuten Angstsituation lindernd wirken, wenn es um eine emotionale Erleichterung geht. Zudem kann sie auch dabei helfen, Lösungsansätze zu entwickeln.

Außerdem bieten viele Träger (kirchliche und säkulare) Beratungsdienste an, an die sich Personen in Notsituationen wenden können, um eine erste Anlaufstelle zu haben.

Auch wenn hier in der Regel keine umfassende Therapie möglich ist, ist es doch hilfreich, zunächst einmal eine emotionale Entlastung durch den zwischenmenschlichen Kontakt und das Gespräch zu erfahren.

Oft besteht auch die Möglichkeit, sich Kontaktadressen geben zu lassen oder Unterstützung bei der Beantragung entsprechender Hilfsmaßnahmen zu bekommen.

Bist du an einer Therapie interessiert, ist der übliche Schritt ein erstes Gespräch mit deinem Hausarzt, der dich dann an eine Psychotherapie-Praxis oder an einen Psychiater überweisen kann.

Ein **Psychiater** ist ein Arzt, der eine Fachausbildung für Psychotherapie und Psychiatrie absolviert hat. Er kann mit dir gemeinsam ermitteln, welche Ängste du hast und wie schwer sich deine Angsterkrankung zeigt und dich in deinem Alltag belastet.

Ferner könnt ihr dann besprechen, ob der Einsatz von Medikamenten bei der Behandlung deiner Erkrankung hilfreich sein kann. Ihr könnt die Behandlung gemeinsam auf deine Bedürfnisse abstimmen und einen entsprechenden Behandlungsplan erstellen.

Bei Angsterkrankungen sollen Medikamente in der Regel nur als ergänzende Maßnahme eingesetzt werden. Im Vordergrund steht die Psychotherapie, die dir hilft, einen guten Umgang mit den Ängsten zu erlernen. Verlässt du dich nur auf die Medikamente, kann es sein, dass die Ängste, wenn du dich nicht mit ihnen auseinandersetzt, nach dem Absetzen der Medikamente, immer wiederkommen. Eine Dauerbehandlung mit Medikamenten ist normalerweise nicht vorgesehen, da sie, je nach gewähltem Mittel, einerseits ein Abhängigkeitspotenzial aufweisen und andererseits Nebenwirkungen hervorrufen können. Vielmehr sind Medikamente als Unterstützung gedacht, um dir eine Auseinandersetzung mit deinen Beschwerden und dem Erlernen eines sinnvollen Umgangs mit diesen zu ermöglichen.

Die Medikamente können dann sinnvoll sein, wenn dein Angst- und Erschöpfungslevel aufgrund der Ängste so hoch ist, dass eine Therapie zu anstrengend oder gar nicht möglich ist.

Meist werden Medikamente verordnet, die eine angstlösende und beruhigende Wirkung haben, wie z. B. Antidepressiva aus der Gruppe der selektiven Serotonin-Wiederaufnahmehemmer und der selektiven Serotonin-Noradrenalin-Wiederaufnahmehemmer.

Wer sehr stark körperlich reagiert, kann beispielsweise auch Betablocker verordnet bekommen, um den Angstkreislauf zwischen den körperlichen Reaktionen und der Panik zu durchbrechen und den Körper zu entlasten.

Ein **Psychotherapeut** ist ein Psychologe, der die Zulassung erhalten hat, psychische Krankheitsbilder mit wissenschaftlich anerkannten Methoden der Psychotherapie zu behandeln.

Die gängigen Therapieformen sind die **Verhaltenstherapie**, die **Gesprächstherapie** und die **Psychoanalyse**.

Die **Kognitive Verhaltenstherapie** wird dazu genutzt, dass dir Verhaltensweisen und Denkmuster klar werden, die deine Ängste verstärken. Darüber hinaus wird meist mit Konfrontationsverfahren gearbeitet, da die Ängste das Leben des Klienten durch Vermeidungsverhalten immer mehr einschränken und auch stärker werden. Die gängigsten Konfrontationsverfahren sind auch hier die **Gestufte Konfrontation**, bei der der Klient Stück für Stück mit seinen Ängsten konfrontiert wird und so lernt, dass die Ängste unbegründet und unbeschädigt zu überstehen sind.

Begonnen wird sehr niedrigschwellig. Wer beispielsweise eine ausgeprägte Spinnenphobie hat, stellt sich möglicherweise zunächst nur eine Spinne vor und hält die Angst aus, die bei der Vorstellung aufkommt. Erlebt er dann, dass die Angst wieder abflacht, ohne dass etwas Schlimmes passiert ist, fühlt er sich vielleicht anschließend dazu bereit, sich das Bild einer Spinne anzuschauen. Der nächste Schritt wäre dann vielleicht eine Videoaufnahme, dann eine Spinne aus der Ferne usw.

Die stufenartige Annäherung ist ideal geeignet für einen sanften Zugang. Sie ermöglicht dem Klienten, wieder Kraft aufzubauen und Vertrauen in den eigenen Körper und den eigenen Geist zu entwickeln.

Eine andere Form der Konfrontation, die allerdings nur in Begleitung einer Fachkraft ausgeführt werden sollte, ist das sogenannte **Flooding** (oder **Fluten**).

Der Klient geht gemeinsam mit seiner Vertrauensperson, also dem Therapeuten, direkt in die Angstsituation hinein und lernt, mit der starken Angstreaktion oder der Panik umzugehen. Die Angst ist dabei in der Regel deutlich stärker als bei der Gestuften Konfrontation, aber wenn der Klient spürt, dass sie auch hier nachlässt, ohne dass etwas Schlimmes passiert ist, dann kann die Behandlung, je nach persönlicher Verfassung des Patienten und seiner Angstgeschichte, gut funktionieren.

Auch wenn die Kognitive Verhaltenstherapie als die wirkungsvollste Methode bei Ängsten gilt, kann die **Gesprächstherapie** sehr hilfreich sein – vor allem dann, wenn es sich um chronifizierte oder versteckte Ängste handelt oder die Angsterkrankung komplexer ist und beispielsweise mit anderen Krankheitsbildern, wie einer Depression, einhergeht.

Je nachdem, wie sich deine Ängste äußern und wie sie begründet sind, kann eine Therapieform der anderen vorzuziehen sein. Wer eine spezifische Phobie hat, kann meist mit der

Verhaltenstherapie sehr gute Fortschritte erzielen. Handelt es sich um diffuse Ängste oder durch ein Trauma hervorgerufene Angstattacken, können auch die Gesprächstherapie oder die **Psychoanalyse** sehr hilfreich sein.

Die Entscheidung für eine bestimmte Behandlungsform ist sehr persönlich und sollte nach dem Gespräch mit der Fachkraft getroffen werden. Im Idealfall ist diese auf Ängste spezialisiert und kann in diesem Bereich Erfahrungen vorweisen. Bringt eine Therapieform nicht den gewünschten Erfolg oder widerstrebt sie dir zutiefst, kannst du gemeinsam mit deinem Behandler besprechen, ob eine andere Therapieform besser für dich geeignet wäre. Dabei sollte natürlich unterschieden werden, ob dir ein Verfahren einfach nur unangenehm ist, weil es mit Angstreaktionen und Anstrengung einhergeht, oder ob du wirklich den Eindruck hast, dass es dir mehr schadet als nützt.

Vielleicht bist du nicht der Typ für eine Einzeltherapie und erzielst viel bessere Erfolge in einer Gruppentherapie. Möglicherweise ist bei einer Kognitiven Verhaltenstherapie das Fluten nicht das Richtige für dich, weil es dich so belastet, dass du deinen Alltag neben der Therapie dann nicht mehr bewältigen kannst. Erlaube dir, dich auszuprobieren, auch wenn dir gesagt wird, du solltest froh sein, dass du überhaupt einen Therapieplatz gefunden hast.

Ein Behandlungskonzept, dass dir nicht gut tut, wird nicht den gewünschten Erfolg haben, sondern kann im schlimmsten Fall zu Retraumatisierungen oder dem Verstärken der Angstmuster führen.

Übernimm hier ganz klar die Verantwortung für dich selbst und erwarte nicht, dass die Behandler dich jetzt heilen sollen. Sie können dir Dinge anbieten, aber es liegt an dir, mitzuteilen, was davon dir gut tut und was du für weniger geeignet hältst.

Wer eine engmaschigere Unterstützung wünscht, kann auch eine **Reha** beantragen. Bei dieser Rehablitationsmaßnahme handelt es sich um eine Form der stationären Psychotherapie in einer Klinik, die eine entsprechende Fachabteilung hat, meist eine Abteilung für Psychosomatik.

Je nach Konzept der Klinik finden psychologische Einzelgespräche mit einem Bezugstherapeuten und Gruppensitzungen statt, in denen der Klient lernt, die Angststörung besser zu verstehen.

Psychoedukation, also Informationen über das Krankheitsbild, sind ebenso ein wichtiger Bestandteil wie verschiedene Techniken, um zu lernen, besser mit der Angst umzugehen. Da Angst oft mit einem erhöhten Muskeltonus und einem flacheren Atem einhergeht, können dies etwa Atem- und Bewegungstherapie sowie das Erlernen von Entspannungsmethoden sein.

Auch *Mal- und Beschäftigungstherapien* werden angeboten, ebenso wie *Sozialtrainings*, etwa für Personen, die unter einer Sozialphobie leiden und für die soziale Interaktionen eine Herausforderung darstellen.

Der Aufenthalt kann (je nach Träger und Klinik) drei bis sechs Wochen oder auch länger dauern.

Ein *Klinikaufenthalt* kann sinnvoll sein, wenn die Ängste sehr stark sind und dich in deiner Lebensqualität massiv einschränken. Ein räumlicher Abstand zu deinem täglichen Umfeld kann sehr hilfreich dabei sein, schädigende Verhaltensmuster aufzudecken oder toxische Beziehungen oder andere Stressoren zu erkennen, die die Ängste fördern.

Zudem bist du in der Klinik auf dich alleine gestellt und kannst dich nicht hinter Bezugspersonen verstecken, die du in deinem Alltag vielleicht sogar ganz unbewusst einspannst, um dein Vermeidungsverhalten zu ermöglichen. Das muss weder von dir noch von deinen Bezugspersonen in böswilliger Absicht geschehen, kann aber dazu führen, dass Ängste aufrechterhalten werden, denen du dich sonst stellen müsstest.

Bist du dir unsicher, ob ein Klinikaufenthalt das Richtige für dich ist, beratschlage dich in aller Ruhe mit deinem behandelnden Facharzt und stelle alle Fragen, die dir wichtig erscheinen.

Überlege dir auch ganz realistisch, ob du stabil genug für eine Klinikumgebung bist.

Wer einen Zwischenweg zwischen ambulanter Psychotherapie und Klinikaufenthalt sucht, ist möglicherweise mit einer **Tagesklinik** gut beraten. Hier nehmen die Klienten an den Werktagen an einem Tagesprogramm teil, das meist einen Arbeitstag, also sieben bis acht Stunden dauert – natürlich mit Pausen. Sie kehren danach aber wieder in ihr heimisches Umfeld zurück.

Diese Option ist ideal, wenn du dich für eine Klinik-Umgebung nicht stabil genug fühlst oder wenn du dein räumliches Umfeld während deiner Therapie nicht verlassen möchtest, etwa weil du deine Kinder oder dein Haustier betreuen oder deinem Lieblingsmenschen nahe sein möchtest.

Überlege dir aber auch, ob du bei dieser Form der Therapie genug Abstand zu den Dingen hast. Wer nach einem langen Therapietag zu Hause voll und ganz in den Familienalltag eingebunden wird, Hausarbeit und Kinderbetreuung übernehmen und das Wohl der Liebsten regeln muss, der kann möglicherweise nicht die Ruhezeiten finden, die er benötigt, um die Therapieinhalte zu verarbeiten.

Therapieplätze, sowohl stationär als auch ambulant, sind meist nicht leicht zu bekommen. Lass dich davon aber nicht entmutigen. Selbstverständlich ist es gerade in einer schweren Angstzeit eine zusätzliche Herausforderung, sich um einen Platz zu bemühen, immer wieder bei Praxen anzurufen oder Anträge abzuschicken – aber du wirst das schaffen. Merkst du, dass es dir schwer fällt, alleine dranzubleiben, bitte eine Vertrauensperson um Unterstützung. Lass dich auf Wartelisten setzen, mache dein Anliegen dringlich und zeige, dass es dir ernst ist.

In einer schweren Krise kann auch der örtliche **psychosoziale Krisendienst** Unterstützung bieten. Mitarbeiter können dich beispielsweise dabei unterstützen, das Einkaufen oder Rausgehen bei einer Agoraphobie zu üben, wenn du noch auf einen Therapieplatz wartest. Oder sie können dir dabei helfen, einen

Ansprechpartner zu finden, wenn du stärkere Probleme hast, und dich an die passende Adresse verweisen.

Eine weitere unkomplizierte Form der Unterstützung können **Selbsthilfe-Gruppen** sein.

Informiere dich am besten vorab über die Ziele und die Organisation dieser Gruppe und schaue, ob diese für dich und dein Problem passend ist.

Mitunter kann es in solchen Gruppen dazu kommen, dass das eigene Schicksal gemeinsam mehr bedauert wird, anstatt proaktiv damit zu arbeiten.

In solch einem Fall kann sich die Gruppe negativ auf deine Beschwerden auswirken und ist eher ungeeignet, um an deinen Ängsten zu arbeiten. Selbstverständlich ist es angenehm, im Austausch mit anderen Betroffenen zu stehen und nicht immer alles erklären zu müssen, sondern sich angenommen zu fühlen. Auch der Gedanke, mit der Krankheit nicht alleine, nicht außergewöhnlich, nicht verrückt zu sein, kann sehr beruhigend wirken. Wichtig ist aber, dass der sinnvolle Umgang mit den Einschränkungen im Vordergrund steht. Selbsthilfe-Gruppen gibt es sowohl online als auch im realen Leben.

Ganz wichtig ist: Du entscheidest für dich, welche Behandlung richtig für dich ist. Du bist nicht verpflichtet eines der Angebote zu nutzen. Du kannst für dich auswählen, welche Behandlung dir sinnvoll erscheint. Was dem einen hilft, muss nicht zwingend zu dir und deiner Problematik passen. Das Gleiche gilt für die Menschen, mit denen du zusammenarbeitest. Ja, es ist schwierig, einen Therapieplatz zu bekommen – aber der Erfolg einer Therapie hängt auch maßgeblich mit davon ab, ob du dem Therapeuten vertrauen kannst und er dir als Mensch angenehm ist. Nicht immer wird dir alles recht sein, was der Therapeut sagt. Das ist auch gar nicht nötig. Es ist auch möglich, dass es zu Formen der Übertragung kommt und du deinen Therapeuten mal ganz schrecklich findest.

Aber eine gewisse Sympathie, das Gefühl, verstanden zu werden und den anderen auch verstehen zu können, ist wichtig. Du darfst dabei auf dein Bauchgefühl hören. Das ist mitunter schwierig, wenn alles andere von Angst überdeckt ist, aber wenn du tief in deinem Inneren merkst, dass dir der Mensch nicht gut tut, etwa weil er deine Grenzen nicht respektiert oder dich zu etwas drängt, was sich für dich nicht stimmig anfühlt, dann darfst du, wie bei jedem anderen Menschen, „Stopp!" sagen.

Damit ist natürlich nicht gemeint, dass du jeder unangenehmen Situation in der Therapie ausweichen sollst. Therapie ist Arbeit und anstrengend und nicht immer angenehm – schließlich stellst du dich deinen Ängsten. Aber du solltest diese schwere Arbeit in einem sicheren Rahmen tun dürfen, mit einer fachkundigen Person an deiner Seite, der du guten Gewissens vertrauen kannst.

Bei Therapeuten gibt es daher nach dem Erstgespräch die Möglichkeit, einige Probesitzungen zu absolvieren, bei denen beide Seiten (du und dein Gegenüber) ausprobieren können, ob die Zusammenarbeit funktioniert.

Probiere aus, was für dich passt und gib nicht auf! Es lohnt sich!

Hast du noch Zweifel, welche Optionen für dich interessant oder geeignet sein könnten, setze dich doch mal mit folgenden Fragen auseinander:

- Welche Assoziationen hast du, wenn du an das Wort *Therapie* denkst?
- Fällt es dir generell schwer, Hilfe von außen anzunehmen?
- Denkst du, es besteht ein Unterschied darin, ob man eine Fachkraft bei körperlichen oder seelischen Beschwerden aufsucht? Falls ja, worin?
- Dürfen nur Verrückte die Behandlung eines Psychiaters oder eines Psychotherapeuten erfahren?

- Glaubst du, dass dir die Zusammenarbeit mit einer Fachkraft gut tun würde?
- Wäre es dir unangenehm, wenn andere davon erfahren würden, dass du therapeutische Hilfe in Anspruch nimmst?
- Fändest du es hilfreich, dich mit anderen Betroffenen auszutauschen?
- Hat dich eine der vorgestellten Möglichkeiten spontan angesprochen? Was hast du gefühlt?
- Was müsste eine Person für Qualitäten haben, damit du bereit wärest, mit ihr an deiner Angst zu arbeiten?
- Was würdest du dir von einer therapeutischen Unterstützung erhoffen?
- Wäre es gut für dich, mal Abstand zu den Dingen zu gewinnen und an einem anderen Ort eine Reha-Maßnahme auszuprobieren?
- Kannst du dir vorstellen, in einer Gruppentherapie an deinen Ängsten zu arbeiten oder würdest du einen Eins-zu-eins-Kontakt bevorzugen?

Kapitel 7 - Angst in Stärke verwandeln

Angst und Stärke? Das scheinen für dich zwei Worte zu sein, die nicht zusammen in einem Satz stehen sollten; vielleicht nicht mal auf einer Seite?!

Und dennoch sind Ängste etwas, das dir bewusst machen kann, wie viel Kraft in dir steckt.

Vielleicht kennst du den berühmten Ausspruch des indischen Politikers Mahatma Ghandi: „Es ist nicht der mutig, der keine Angst hat, sondern der, der seine Angst überwindet."

Wenn du über diesen Satz nachdenkst, wird dir vielleicht auch klar, dass die Ängste nicht nur eine schwache, sondern auch eine sehr starke Seite in dir zum Vorschein bringen.

Panik ist nichts für Angsthasen: Immer wieder aufs Neue Todesängste aushalten, sich überwinden, mit einem schmerzenden Körper, der von all der Anstrengung nur noch weh tut, einem müden Geist, der trotzdem hellwach sein und funktionieren muss und all den Auswirkungen, die die Ängste in anderen Lebensbereichen auf sich haben. Die Stärke, die der Umgang mit Ängsten erfordert, ist enorm.

Jeden Tag musst du dich erneut Herausforderungen stellen, die nur ein Betroffener wirklich nachvollziehen kann. Du musst deine Aktivitäten planen, sodass du trotz möglicher Angstanfälle oder körperlicher Erscheinungen alles koordiniert bekommst.

Du musst dich um deine Liebsten kümmern, denn sie sollen ja nicht unter deinen Problemen leiden und du willst eine liebevolle Beziehung zu ihnen pflegen. Je nachdem, wo du gerade stehst, während du dieses Buch liest, ist vielleicht schon das Aufstehen schwer, weil die Angst schon erdrückend und dunkel auf deiner Brust sitzt und dir das Atmen mühsam scheinen lässt. Und trotzdem bist du noch da. Trotzdem stehst du auf. Du isst, redest, liebst, gehst, nimmst Anteil.

Erzählt dir jemand anderes von einem gruseligen Erlebnis und seiner enormen Angst, von der er sich jetzt erst mal ein bis zwei Tage erholen muss, kannst du nicht mal mehr nachvollziehen, wie ihm zumute ist. Wie geht das? Erholen? Wie ist das, wenn die Angst nicht der Normalfall ist?

Was zeigen dir deine Ängste also über dich? Dass du ein unheimlich großes Durchhaltevermögen hast, eine innere Stärke, die du dir womöglich niemals zugetraut hättest.

Natürlich fühlen sich Ängste nicht angenehm an und du könntest gerne darauf verzichten. Was sich aber gut anfühlt, ist das Überwinden von Ängsten, das Gefühl, etwas geschafft zu haben. Du verschaffst dir dieses Gefühl immer wieder, denn du stellst dich tagtäglich einem Leben mit besonderen Herausforderungen.

Dieses Potenzial, dass da in dir steckt, kannst du auch in anderen Bereichen deines Lebens für dich nutzen. Unabdingbar dafür ist allerdings, dass du es zunächst erkennst und wertschätzen kannst.

Stellst du dich deinen Ängsten, wirst du zudem einige wertvolle Handlungsstrategien und Denkmuster erwerben, die dir auch außerhalb deiner Angstbewältigung im Alltag gute Dienste leisten werden.

Du wirst wissen, wie wichtig es ist, sich nicht nur von außen abhängig zu machen, sondern auch in schwierigen Situationen zu versuchen, in die eigene Kraft zu kommen.

Aufgrund deiner Ängste bist du es gewohnt, mit Beeinträchtigungen umzugehen und die Situationen trotzdem zu überwinden. Du bist geübt darin, deinen Handlungsspielraum und die möglichen Gestaltungs- und Beeinflussungsmöglichkeiten zu erkennen.

Mache dir diese Qualitäten bewusst, sodass du sie in anderen Bereichen erfolgreich nutzen kannst.

Eigenverantwortung und Selbstwirksamkeit sind wichtige Schlüsselbegriffe für dich im Umgang mit der Angst. Diese kannst du auch auf anderen Gebieten leben und somit souveräner und entspannter agieren - sowohl im Job als auch im Kontakt mit anderen Menschen.

Viele von uns werden erst durch die Angst in eine Art Generalüberprüfung gezwungen. Wenn nichts mehr geht, sind wir gezwungen, hinzuschauen: Fühlen wir uns wohl, wo wir sind? Tun uns die Kontakte zu den Menschen, die uns umgeben, gut? Gefällt uns das, was wir tun?

Anhaltender Stress, z. B. aufgrund von Streitigkeiten oder Unzufriedenheit, kann Ängste begünstigen. Wenn wir diese im Rahmen unserer Auseinandersetzung mit der Angst als Alarmanlage, als Hinweis verstehen und unsere Lebenssituation hinterfragen, werden wir angeregt, aufzuräumen. Maßnahmen, wie klare Grenzen zu setzen, toxische Kontakte zu beenden und sich aus Abhängigkeiten zu lösen, sind häufig wichtige Schritte, um die Angst zu überwinden.

Aber solche Entwicklungen wirken sich nicht nur gut auf unser Angstlevel aus. Sie beeinflussen auch andere Bereiche des Lebens, wie den Beruf, die Partnerschaft und das häusliche Leben.

Nutze diese neuen Fähigkeiten für die Gestaltung eines Lebens nach deinem Geschmack. Wenn du deine Angst alleine bewältigen kannst (und nur du alleine kannst dies wirklich tun), dann bewerkstelligst du andere Herausforderungen erst recht!

„Alles wird gut..."

Eine weitere Chance für dich ist sicher auch die veränderte Eigenwahrnehmung. Im Auge der Angst gibt es keine Eitelkeiten mehr; das Aufrechterhalten einer Scheinidentität bricht zusammen wie ein Kartenhaus im Wind. Du kannst diese wesentliche Erfahrung für dich nutzen und dein wahres Ich zum Vorschein kommen lassen. Du hast gelernt, dass du keine Rolle spielen musst. Die Menschen, die dich wirklich lieben, nehmen dich so an, wie du bist – mit all deinen Stärken und all deinen Schwächen. Und auch vor dir selbst musst du keine Rolle spielen, denn am besten geht es dir ohnehin, wenn du authentisch bist und Erleben und Verhalten übereinstimmen.

Du hast dich in sehr schwachen, verzweifelten Momenten kennengelernt und hast verschiedene Möglichkeiten ausprobiert, dir dann selbst zu begegnen. Warst du früher möglicherweise sehr streng mit dir selbst und hast gnadenlos Produktivität und Leistung eingefordert, kannst du dir jetzt vielleicht gütiger gegenübertreten. Gelebtes Selbstmitgefühl (anstatt Härte) ist eine wichtige Fähigkeit, die dir auch bei Krisen und Verlusten anderer Art eine wertvolle Begleitung sein wird.

Ein neuer Umgang mit der Angst verschafft dir auch in deiner Rolle als Mutter neue Möglichkeiten. Dir eröffnet sich die Chance, deinen Kindern einen gesunden Umgang mit Ängsten beizubringen.

Hat dein Jüngster schon wieder Angst vor dem Monster unter dem Bett, wirst du ihn nicht mit einer ablehnenden Antwort fortjagen. Du kannst ihn mit seinen Empfindungen ernst nehmen, denn du weißt, wie schlimm sich Angst anfühlen kann. Zudem hast du die Möglichkeit, deinen Kindern zu vermitteln, dass es in Ordnung ist, Angst zu haben.

Viele von uns mussten als Kind die niederschmetternde Erfahrung machen, dass wir mit unseren Ängsten nicht ernst genommen wurden. Wir sollten uns „zusammenreißen", uns „nicht so anstellen", einfach mal „über unseren Schatten springen" oder eben an etwas Schönes denken. Solche Gespräche wirst du deinem Nachwuchs ersparen können, denn du weißt, dass solche Äußerungen bei Angst wenig hilfreich sind.

Stattdessen kannst du ihnen von klein auf vermitteln, dass jeder Mensch Angst hat und dass diese eine bestimmte Funktion hat. Du kannst ihnen zeigen, dass Ängste kein Zeichen von Schwäche sind, sondern dass sie uns schützen sollen. Gemeinsam mit dir können sie lernen, ihre Ängste zu erkennen, zu akzeptieren und an ihnen zu arbeiten, wenn sie sie einschränken. Diese Fähigkeit wird sie dabei unterstützen, eigenständig und verantwortungsvoll im Umgang mit sich selbst und anderen zu agieren.

Denn darin zeigt sich noch eine weitere Chance für dich: Als betroffene Person weißt du, wie es ist, wenn man plötzlich ganz alltägliche Aktivitäten nicht mehr tun kann. Dich haben die Ängste gehemmt – vielleicht hemmen sie dich immer mal wieder – und du kennst all die einfältigen Sprüche, die dir in deinem Kampf gegen die Angst begegnet sind.

Du weißt, wie es ist, wenn man nicht ernst genommen wird oder wenn einem Faulheit oder Bequemlichkeit unterstellt wird. Du weißt, wie verletzend solche Aussagen sein können.

Dieses Wissen, dieses Erleben kann dazu beitragen, dass du mehr Verständnis im Umgang mit anderen und deren individuellen Einschränkungen entwickelst.

Vielleicht zeigt sich dies im Alltag an der Kasse im Supermarkt, wenn die ältere Dame vor dir zehn Minuten braucht, bis sie ihre vier Äpfel bezahlt hat und du – anstatt innerlich zu explodieren – einfach Mitgefühl für die offensichtlich eingeschränkte Dame empfindest.

Oder du hast mehr Geduld, wenn die Praktikantin wie ein Schatten ihrer Selbst vor dem Computer sitzt, gelähmt von der Angst, etwas falsch zu machen, und du dadurch nicht rechtzeitig in die Pause kommst. Möglicherweise fällt es dir in Krisensituationen leichter, ruhig zu bleiben, weil du erkennst, dass wir alle Ängste und Einschränkungen haben – nur eben auf unterschiedlichen Gebieten.

Du bist geübt in diversen Selbstberuhigungstechniken und kannst damit auch anderen in schwierigen Situationen helfen. Empathie, mehr Geduld und mehr Akzeptanz für das, was ist, machen dich zugänglicher für andere und bescheren dir viele besondere Momente mit lieben Menschen.

Abschluss und Ausblick

Ein Sprichwort sagt: „Eine Reise beginnt mit dem ersten Schritt."

Du hast deine Mut-Reise schon begonnen, als du dich aktiv dafür entschieden hast, dich mit deinen Ängsten auseinanderzusetzen.

Dieses Buch unterstützt dich darin gerne mit vielen Informationen, Anregungen und Ideen.

Du hast erfahren, wie sich Angst zeigt, wofür sie gut ist, wie sie dich aber auch belasten kann und welche Wege es gibt, um deine Lebensqualität wieder zu verbessern.

Ganz gleich, für welchen Weg du dich entscheidest – sei stolz auf dich! Du hast dich entschlossen, aktiv zu werden und dafür solltest du dir den nötigen Respekt entgegenbringen. Je nachdem, wie stark deine Ängste sind, kann es schon eine Herausforderung sein, sich gedanklich mit ihnen zu befassen oder über das Thema Angst zu lesen!

Also ein großes Kompliment für deinen Mut und deinen enormen Willen, deine Situation zu verbessern! Du darfst dich auf neue Erlebnisse, schöne Momente und neue Erkenntnisse über dich selbst freuen, wenn du dich auf deine Mut-Reise begibst. Manchmal wirst du schnell vorankommen, manchmal einen Umweg gehen. Vielleicht landest du auch mal in einer

Sackgasse. Aber du bist losgegangen und das ist ein ganz besonderes Geschenk, das du dir selbst gemacht hast.

Sei geduldig mit dir und behalte das Leben lieb. Es lohnt sich!

Geschenk #1 - Zitatesammlung

Vielen Dank noch einmal für den Erwerb dieses Buches. Als zusätzliches Dankeschön erhältst du von mir **zwei E-Books**, als Bonus, und völlig gratis.

Das erste Bonusheft beinhaltet eine Sammlung an schönen, motivierenden und Mut machenden kleinen Geschichten und Zitaten, die dich auf deinem täglichen Weg zu einem erfüllten Leben begleiten können. Finde darin deine Lieblingszitate, die du dir immer wieder als kleine Erinnerungen, Richtungsweiser und Mutmacher zur Hand nehmen kannst.

Du kannst das Bonusheft folgendermaßen erhalten:
Öffne ein Browserfenster auf deinem Computer oder Smartphone und gib Folgendes ein:

stefanielorenz.com/bonus1
Du wirst dann automatisch auf die Download-Seite weitergeleitet.

Bitte beachte, dass dieses Bonusheft nur für eine begrenzte Zeit zum Download zur Verfügung steht.

Alternativ kannst du auch diesen QR-Code einscannen:

Geschenk #2 - Entspannung im Alltag

In diesem zweiten Bonusheft findest du verschiedene Entspannungsmethoden, Meditationsideen und Affirmationen, die dich darin unterstützen können, wieder zu dir selbst zu finden. Mit diesen Methoden kannst du neue Kraft tanken, dich auf deine eigenen Stärken besinnen und aus dem Hamsterrad deiner Gedanken und den Anforderungen von außen aussteigen.

Öffne ein Browserfenster auf deinem Computer oder Smartphone und gib Folgendes ein:

stefanielorenz.com/bonus2

Du wirst dann automatisch auf die Download-Seite weitergeleitet.

Bitte beachte, dass dieses Bonusheft nur für eine begrenzte Zeit zum Download zur Verfügung steht.

Alternativ kannst du auch diesen QR-Code einscannen:

Quellen

Croos-Müller, C. (2011). Kopf hoch – das kleine Überlebensbuch: Soforthilfe bei Stress, Ärger und anderen Durchhängern. Kösel Verlag.

Dorsch - Lexikon der Psychologie. (2017). Hogrefe AG. https://www.tk.de/techniker/magazin/life-balance/aktiv-entspannen/progressive-muskelentspannung-zum-download-2021142

Farrell, P. (2004). How to Be Your Own Therapist: A Step-by-Step Guide to Taking Back Your Life (1st ed.). McGraw-Hill Education.

Frobeen, A. (2020). Progressive Muskelentspannung. Die Techniker Krankenkasse.

Haimerl, C. (2015). *Frei von Angst und Panikattacken in zwei Schritten*. Gräfe und Unzer Verlag.

Karven, U. (2019). Diese verdammten Ängste. Gräfe und Unzer Verlag.

Lecturio. (2021). Angst. https://www.lecturio.de/lexikon/angst

www.ingramcontent.com/pod-product-compliance
Lightning Source LLC
Chambersburg PA
CBHW071353080526
44587CB00017B/3092